幸福人生
重要的九堂課

王會禮、賴肇慶 著

崧燁文化

幸福人生 重要的九堂課

目錄

目錄

作者簡介

第一部分 心理與發展

  第一講 心理、心理健康與幸福人生 7
    一、心理與心理學 7
    二、健康與心理健康 13
    三、幸福人生 19

  第二講 自我意識與健全人格 24
    一、自我意識 24
    二、人格 33
    三、優化自我意識,培養健全人格 38

  第三講 學習、創新與終身發展 42
    一、學習的概念與內容、目標 43
    二、學習的基本階段與方法、策略 51
    三、創新、創造與終身發展 55

第二部分 愛、婚戀與家庭

  第四講 愛、戀愛與成長 61
    一、愛在自我 61
    二、愛在血緣 68
    三、愛在戀人 71
    四、愛在關係中成長之初體驗 76

  第五講 家庭與家庭經營之道 78
    一、什麼是家庭 78
    二、家庭經營 81
    三、家庭經營之道 84

  第六講 家庭投資理財 97

目錄

　　一、生活與理財 97
　　二、家庭投資理財規劃 101
　　三、家庭理想的投資渠道 105

第三部分 快樂、高效地工作

　第七講 職場全勝謀略 115
　　二、正確理解規劃人生 117
　　三、成就人生規劃的十大要素 120
　　四、把握機遇等於獲得成功 125
　　五、求職制勝必備的五種素質 127

　第八講 工作人際關係 130
　　一、團隊與團隊精神 130
　　二、待人接物之道 140
　　三、職業道德操守 147

　第九講 積極追求成功 149
　　一、認識職場 149
　　二、大學生在求職中的定位錯誤 154
　　三、正確認識成功與成就 156
　　四、品味人生百態，樂享生活 163
　　五、學會忍耐，樂享生活 163
　　六、心想事成的哲學分析 165
　　七、創建一個心想事成的新世界 167

作者簡介

賴肇慶，英國曼徹斯特大學訪問學者。

葉麗霞，心理學講師，心理諮詢師

莊焜智，曾在企業任職質量機構工程師和培訓講師；現從事學生管理、團隊開發、心理教育等教學與實踐工作；發表論文多篇。

蘇芳瑞，心理學碩士，心理諮詢師；參編《什麼是真正的心理學》《應急與危機心理干預》等書籍；公開發表論文多篇；重視應用研究。

何艷麗，教育管理碩士，講師；公開發表論文三篇，參與兩項課題研究，參編校本教材兩本。

第一部分 心理與發展

第一部分 心理與發展

第一講 心理、心理健康與幸福人生

> 幸福，是自己和自己比，也是和別人比，但更是自己和自己比。

人人都追求幸福，個個都期盼幸福，都在前往幸福的路上奔走。從咿呀學語、初懂人事的小孩，到白髮蒼蒼、耄耋老人，從教育程度低者，到高級知識分子，世界上，不同種族，各類人群，無不例外。究竟什麼是幸福？幸福，是自己和自己比，也是和別人比，但更是自己和自己比。當我們這樣描述幸福的時候，開始會感覺十分單薄，好像還不好理解。研究幸福，成就幸福，涉及人的心理，涉及心理學，必然涉及健康與心理健康，涉及對幸福的理解。我們的生命具有唯一性，也僅有一次。為了人生幸福、美好、順利、成功，親愛的朋友，讓我們一起思悟、共同探討、深入學習吧。

一、心理與心理學

我們從來就沒離開過心理活動。心理活動，也叫心理現象，簡稱心理。只要有健全的大腦，與外部世界接觸，就一定會產生心理。我們清早起來，呼吸清新空氣，這是感知。因這樣的感知而愉悅、喜歡，想弄清緣由，是情緒、情感、興趣。閱讀了上面的文字，引發思考，屬於思維。聯繫自己過去的知識積累與生活、學習體驗，記下文中的要點，就涉及回憶。從此更加堅定對美好生活的嚮往與追求，這便是意志。這些都是心理活動。

（一）心理的概念、內涵

心理活動是宇宙中最複雜的生命現象之一，從古至今為人們所積極關注。人的心理不是一般物質的運動，而是人類的有機體活動，首先是人腦這種以特殊方式組織起來的物質的機能、活動過程或運動。人一旦離開腦就不存在心理活動。無腦或患有腦缺陷的嬰兒不能發展或不能健全的發展心理。人腦的不同區域有相對應的分工，各具不同作用。某一區域損傷或病變，會導致

第一部分 心理與發展

與之相應的心理活動的紊亂甚至喪失。心理現象的產生與客觀事物關係密切。離開客觀事物的影響、刺激，心理活動便無從產生、發展、完善。

心理（Psychology）是實踐活動中腦對環境（客觀事物）的主觀反應。心理是物質世界的一種反應方式。心理是腦的機能。心理一定不是「心裡」，只是人們在沿用了早期認識水平的前提下所確定的名稱。人的心理活動都有一個發生、發展、消失的過程。人們在參與活動的時候，透過各種感官認識外部世界事物，透過頭腦的活動對客觀事物做出自己的判斷。英國畫家路易斯·韋恩（Louis Wain，1860—1939）以畫貓聞名。他從健康到患精神分裂症期間的不同階段所畫的有關貓的作品，是經常被引用的腦與心理關係的典型證明（見圖1-1）。1920年在印度山區一個狼窩中發現「狼孩」（見圖1-2）。「狼孩」從出生至找到失蹤8年，一直在狼群中生活，已失去人類具有的心理，取代的是有關於狼的習性。即使後經人們施以「人性化」訓練，他到17歲臨終時也只具備4歲兒童的心理發展水準。1984年在中國遼寧省的一處農村發現了一位從出生就與豬共處的小孩，經科學研究人員多年的教育訓練，後來得以重返社會的「半人半豬」9歲「豬孩」。2015年2月6日前後國內外傳媒引述泰國媒體消息，泰國一名15歲男孩從小與狗為伍，至今不會使用兩條腿直立走路，都以雙手和雙腳著地的方式，類似貓科或犬科動物跑步和行走。當地人稱他是「狗人」。他母親表示，男孩沒有同齡玩伴，從小與家裡的狗一起玩耍成長，大人也從來沒有教他要以雙腳站立和行走，後來男孩就模仿了狗一樣的移動模式。早前和現今發現的大量事實，都說明客觀環境對心理發展，包括生理發展變化的重要性。

心理的反應不是像鏡子般機械式的反應，而是一種能動的反應。人的反應活動是人在社會實踐中、在言語參與下進行的。因此，人的心理、意識具有社會性和主觀能動性。心理是人們不同的主觀反應。人類的心理是由動物心理發展起來的，跟動物心理有聯繫，但同時又有本質的區別。人的心理、在意識上是人類祖先在勞動過程中，與語言同步逐漸形成和發展的結果。人的心理、意識，不但能適應現實，而且能改變的現實。

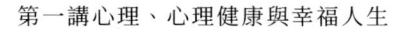

圖 1-1 路易斯·韋恩從正常到患精神分裂症期間不同階段所畫貓的作品選

圖 1-22015 年 2 月媒體報導的泰國「狗孩」用四肢走路

心理從其動態維度上，可分為心理過程和個性心理兩大方面。心理過程是指一個人心理現象的動態過程。它反映主觀心理現象的共同性的一面。心理過程包括三個層面：認知（認識）過程———個體對訊息接收、編碼、貯存、提取和使用的心理過程，涵蓋感知覺、思維、記憶等過程；情感過程———個體對事物態度的體驗，如喜、怒、哀、樂等情緒反應與依戀感、友誼感、道德感、理智感、審判感等情操體驗；意志過程———個體自覺確定目的，

第一部分 心理與發展

並根據目的調節支配自身行動，克服困難，去實現預定目標的心理過程。這三個層面可簡稱「知」「情」「意」，共同影響與決定「行」（人的行為）。「知」是「情」「意」發生、發展的基礎。三者相互聯繫、相互作用，構成個體有機統一的心理過程等三個不同方面。三者還互為動力，互相豐富、昇華，甚至產生質的飛躍。

個性心理是指一個人在生活實踐中形成相對穩定的各種心理現象的總和，反映人的心理現像其個別特性的一面。它也有三個層面內容：個性傾向———推動人進行活動的動力系統，反映人對周圍世界的趨向和追求，是個性心理中最活躍的因素，包括需要（基礎）、動機、興趣（個體積極探索事物的認識傾向）、理想、信念、價值觀、世界觀（最高層次，決定個人總的心理傾向）等；個性特徵———個人身上經常表現出來的本質的、穩定的心理特徵，集中表現人的心理的獨特性，主要包括氣質、性格和能力；個性調控———個人對自己心理和行為的控制和調控，以自我意識為核心。

心理過程與個性心理緊密聯繫。個性心理發展以心理過程為基礎，又影響心理過程，在心理過程中得以表現，使心理過程帶有個人色彩。有人更直接把個性心理稱之為人格。在這個觀點下，心理即心理過程與人格。心理還可從意識維度劃分為意識和無意識。意識又分客觀意識和主觀意識。客觀意識就是個人對周圍人和世界的認識。主觀意識是個人對自己，以及自己和周圍關係的認識。無意識是指現時未被個人覺知的心理現象，如睡眠中做夢，人的習慣性、自動化了的行為，不自覺的記憶等。心理的發生、發展，尤其是人類的高級心理過程，如思維、語言、情感、意志等心理現象的產生，一定是神經發育及人類社會化進程的產物。我們不能以單純的生物學觀點，也不可以單純社會學觀點來研究心理。瞭解心理概念、內涵、分類對人生發展有重要意義。

（二）心理學及其意義

心理學（Psychology）是研究人和動物心理現象發生、發展和變化規律的一門科學。心理學既研究動物的心理，也研究人的心理，而以人的心理現象為主要研究對象。研究動物心理主要是為了深層次地瞭解、預測人的心理

的發生、發展的規律。心理學一詞來源於希臘文，其意思是關於靈魂的學問。「Psychology」意即靈魂的描述。靈魂在希臘文中也有氣體或呼吸的意思。古代人們認為生命依賴於呼吸，呼吸停止，生命就完結了。隨著科學的發展，心理學的對象由靈魂改為心靈。科學的心理學不僅對心理現象進行描述，更重要的是對心理現象進行說明，以揭示其發生與發展的規律。

人類的心理學史主要是研究人的心理、意識發生與發展的歷史。德國著名心理學家艾賓浩斯（Hermann Ebbinghaus，1850—1909）曾說：「心理學有一個長期的過去，但只有短暫的歷史。」古今中外，許多思想家的論述中，都涉及心理。孔子（公元前551—公元前479）：「知之者不如好之者，好之者不如樂之者」（《論語·雍也》）；「學而時習之，不亦樂乎」（《論語·學而》）。荀況（公元前313—公元前238）：「形具而神生，好惡，喜怒，哀樂藏焉」（《荀子·天論》）。古希臘亞里士多德（Aristotle，公元前384—公元前322）是世界古代史上最偉大的哲學家、科學家和教育家之一，其所著《靈魂論》為人類最早心理方面專著。直到19世紀初葉，德國哲學家、教育學家赫爾巴特（Johann Friedrich Herbart，1776—1841）才首次提出：「心理學是一門科學。」1879年，德國的馮特在萊比錫大學建立心理實驗室。這代表著科學心理學誕生。實證研究方法的運用是這一學科成為科學的轉折點。而原先，心理學、教育學都同屬於哲學範疇，此後才各自從哲學體系中分離出來。其後一百多年，當心理學經歷門派紛爭及深入研究後，其學科體系得到進一步完善。自中國1917年在北京大學設立首個實驗室開始，心理學研究起步，近年發展異常快速。

現代心理學的發展，在理論上已形成了作為一門科學的、基本的獨立體系。一般而言，普通心理學也叫基礎心理學、理論心理學。普通心理學是研究正常成人的心理過程和個性心理特徵的一般規律的學科，是心理學最基本、最重要的基礎研究，以建立心理學研究最一般的方法論原則和具體的方法。普通心理學既包括過去研究中已成定論、為科學實踐所證實，並為科學界所公認的理論和規律，還包括雖不一定被公認，但卻有重大影響的學派、學說，也包括處於科學發展前沿的新成果和新發現。它在已形成的理論體繫上，不斷地充實著新的內容。普通心理學按照心理活動的基本過程和個性心理特徵，

第一部分 心理與發展

可分為感覺（視覺、聽覺、觸摸覺、運動覺、嗅覺、味覺等）心理學、知覺心理學、記憶心理學、注意心理學、思維心理學、言語心理學、情緒心理學、動機心理學、智慧心理學、氣質心理學、人格心理學等基礎分支學科。在應用性心理學範疇，已經衍生出生理心理學、社會心理學、變態心理學、發展心理學、教育心理學、勞動心理學、文藝心理學、體育運動心理學、航空心理學、組織管理心理學、臨床或醫學心理學、司法與犯罪心理學、健康心理學等。心理學的研究對像是人，是人的心理。這就決定了心理學是一門既具有自然科學性質，又具有社會科學性質的中間或交叉科學，也稱之為邊緣科學。也有學者基於其視角及立場，把基礎心理學歸為自然科學範疇，把應用心理學歸類於社會科學範疇。

　　主觀心理要經歷一個由量變到質變、不斷矛盾運動的發展過程。一個人出生的時候是否具有心理？在人的各個年齡階段，其心理是怎樣發展變化的？它是按照什麼規律發展變化的？這些發展變化對人的生活和教育具有怎樣的意義？心理學研究有助於正確解釋心理現象的本質和起源，幫助人們運用心理規律去預測和控制心理現象，為人類不同領域的實際服務，提高活動效率。例如：父母根據親子關係對情緒的作用培養兒童健康的情緒；教師根據注意規律組織教學，改善授課效果；技術人員根據噪音對身心的危害，對噪音加以控制，對環境加以改造，等等。現代心理學研究所突出的心理的生理基礎、感覺與知覺、學習心理、身心發展、個體差異、動機與情緒、社會心理、異常行為與心理治療八大主題，使心理學更加成為一門有重要實踐意義的科學，和人類生活的各個領域關係愈發密切。目前廣受重視的應用心理學分支「心理諮詢」，已經發展出「個別諮詢」與「團體輔導」等領域。心理諮詢區別於德育，有自身獨特特點，如保密性原則等，其核心是應用心理學的理論與方法———「助人自助」。必要時可積極尋求心理幫助。

　　我們必須把心理學知識應用於人生發展。與心理學密切關聯的心理品質提升，既為學生生存和發展所直接需要，也為思想政治素質和道德品質，以及正確理想和價值觀念的確立，包括科學文化知識與技能學習奠基。心理健康教育能夠透過「樹人」，在學生成長提高學校教育質量、人的生活質量，

以至提高包括思想、精神境界在內的人生境界等方面，發揮應有的正能量。我們必須著力在心理品質優化上進一步下功夫，追求真正的幸福人生。

二、健康與心理健康

健康是一門大學問。美國思想家、文學家、詩人，確立美國文化精神的代表人物，曾被前總統林肯稱為「美國的孔子」「美國文明之父」的愛默生（RalphWaldo Emerson，1803—1882）說：「健康是最大的財富。」健康不僅是個人最大、最寶貴的財富，也是家庭與社會的最大、最寶貴財富。健康是人生快樂、幸福、成功的基礎。我們應該從青春年少的今天開始高度重視健康。

（一）健康

人類對健康越來越重視，對健康的認識不斷深化。最早的、傳統的健康觀是「無病即健康」。《辭海》（1979年）把健康定義為人體各器官系統發育良好、功能正常、體格健壯、精力充沛並具有良好勞動效能的狀態。現代人的健康觀是整體健康，只有身心等因素達到健康的狀態，才是真正的健康。

1. 世界衛生組織（WHO）對健康的論述

1948年，世界衛生組織在其成立之初的《憲章》中，就指出「健康乃是一種生理、心理、社會適應都日臻完滿的狀態，而不僅是沒有疾病和不虛弱的狀態」，明確強調「健康不僅是身體沒有疾病，而且應當重視心理健康，只有身心健康、體魄健全，才是完整的健康。」從此，健康概念開始多元化。

1989年，世界衛生組織進一步把健康規定為：「軀體健康、心理健康、社會適應良好。」它強調人的生理與心理、自然性與社會性的不可分割，明確健康內涵三維化。這一說法，是目前最被世界公認的健康的標準定義。

1990年，世界衛生組織對健康的重新定義為：在軀體健康、心理健康、社會適應良好和道德健康四個方面皆健全。為應對日益嚴重的生殖問題，2000年該概念又增加了生殖健康。這是目前正在逐步被各方面接受的健康的最新概念。它反映健康的核心，應包括五大層面的內容。道德健康是指不能

第一部分 心理與發展

損壞他人的利益來滿足自己的需要，能按照社會認可的道德行為來約束自己及支配自己的思維和行動，具有辨別真偽、善惡、榮辱的是非觀念和能力。我們應該為健康新概念的推廣和普及做出努力。

2. 促進健康的準則與健康標準

2000年世界衛生組織還提出促進健康的新準則，即「合理膳食，戒煙，心理健康，克服壓力，體育鍛鍊」，對健康的要求進一步細化。近年則提出健康的十條標準：有充沛的精力，能從容不迫地應付日常生活和工作的壓力而不感到過分緊張；處事樂觀，態度積極，樂於承擔責任，不論事情大小都不挑剔；善於休息，睡眠良好；應變能力強，能適應外界環境的各種變化；能夠抵抗一般性感冒和傳染病；體重適當，身材勻稱，站立時頭、肩、臀位置協調；眼睛明亮，反應敏銳，眼瞼不發炎；牙齒清潔、無空洞、無痛感，牙齦顏色正常，無出血現象；頭髮有光澤、無頭屑；肌肉和皮膚有彈性，走路感覺輕鬆。

3. 亞健康問題

「亞健康狀態」是20世紀80年代中期提出的一個概念，也曾被稱為第三、灰色、病前狀態與亞臨床期。它是一種介於健康與非健康之間的中間狀態，是指身體在內外環境不良刺激下引起心理、生理發生異常變化，但尚未達到明顯病理性反應的程度。從生理學角度來講，就是人體各器官功能穩定性失調尚未引起器官性損傷。其主要表現為：各項身體指標無異常，但與健康人相比，生活質量低落、學習工作效率低、注意力分散、生活缺乏動力、學習沒有目標、有些茫然不知所措，感覺生活沒動力。軀體反應症狀為睡眠質量不高，容易疲勞，身體乏力，食慾不振。儘管亞健康狀態並非嚴重的問題，但是如果不引起高度重視，極易引發相應的身體、心理問題。亞健康問題目前越來越受到人們廣泛關注。

（二）心理健康

中國古代醫學，早已解釋了心理和疾病的關係：「病」中有「丙」，「丙」指火或心，即七情六慾；成書於春秋戰國或西漢時期的《黃帝內經》中的「思

則氣結,怒則氣上,恐則氣下,驚則氣亂,喜則所緩,悲則氣消」,論述的是不同的情緒對應著氣的不同走向和變化,生動表明了情緒與健康狀況的關係。那個時候的人們,已經在關注我們今天所說的「心理健康」。

1. 人類對心理健康認識的深化

1930 年在美國召開了第一屆國際心理衛生大會,並正式成立國際心理衛生委員會。這次國際心理衛生大會,被稱為「白宮會議」。會議報告中明確指出:「心理健康可以界定為個體以有效的、快樂的、社會所能接納的行為,面對應接受的現實生活以謀求對自己、對周圍世界最好的適應。」人類的心理健康問題,由此引起持續關注。

1937 年在法國巴黎召開了第二屆國際心理衛生大會。1948 年在英國倫敦召開了第三屆國際心理衛生大會,成立了世界心理健康聯合會。會議發表綱領性文件《心理健康與世界公民》。本屆大會對心理健康的定義是:「所謂心理健康是指在身體、智慧以及情感上與他人的心理健康不相矛盾的範圍內,將個人心境發展成最佳狀態。」各國心理衛生組織最初達成一致意見。這次會議還提出心理健康的四個代表:①身體、智力、情緒十分協調;②適應環境,人際關係中彼此能謙讓;③有幸福感;④在職業工作中,能充分發揮自己的能力,過著有效率的生活。

美國心理學家馬斯洛(AbrahamHarold Maslow,1908—1970)等在 20 世紀 50 年代提出了心理健康的十條標準:①充分的安全感;②充分瞭解自己;③生活的目標切合實際;④與現實環境保持接觸;⑤能保持人格的完整與和諧;⑥具有從經驗中學習的能力;⑦能保持良好的人際關係;⑧適度的情緒表達與控制;⑨在不違背社會規範的條件下,恰當地滿足個人的基本需要;⑩在不違背團體的要求下,能做有限度的個性發揮。許多學者對心理健康有自己的論述。大多數學者認為,健康的心理應表現出志存高遠、心胸廣闊、積極進取、豁達樂觀、順勢而為、與人為善、包容寬厚、坦承挫折、處變不亂。討論心理健康的概念、代表、標準,有助於我們更好促進心理健康。

2. 心理健康概念、內容、特點探討

第一部分 心理與發展

迄今為止，關於心理健康還沒有一個統一的概念。一個原因是心理健康的複雜性，另一原因是學者不同研究角度往往不同，並十分容易把自身體驗作為研究的出發點。有人從多個層面討論心理健康概念：廣義上講，心理健康是一種持續高效而滿意的心理狀態；狹義上講，心理健康是指人的基本心理活動的過程內容完整、協調一致，即認識、情感、意志、行為、人格完整和協調，能適應社會，與社會保持同步。中國心理學家普遍認為：心理健康是指一種持續的、積極的、發展的、心理狀態，在這種狀況下主體能對社會做出良好的適應，能充分發揮身心潛能，而不僅僅是沒有心理疾病。我們對此認識持肯定意見。

《心理學百科全書》關於心理健康內容、特徵的論述受到重視。它主要包括兩個方面。一是指心理健康的狀態：心理功能良好———心理活動與外部環境具有同一性；心理過程具有完整性和協調性；個性心理特徵具有相對穩定性（這其實可理解為界定主觀心理健康與否應遵循的三條基本原則）。二是指維護心理的健康狀態———能有目的、有意識、積極自覺地按照自身特點，預防心理問題、疾病，提高心理素質，維護和促進心理活動良好的功能狀態。

人們普遍認為心理健康的核心，也可稱之為主要內容，應該包括三個方面：自我認知（認識）良好、社會生活良好、人際交往良好。生理健康與心理健康互為基礎，相互作用，相輔相成，是個統一體。絕對不能說生理不健康，就一定心理不健康。對心理健康的認知（評價）有其自身特點：無法像醫學一樣透過儀器診斷；不能簡單用倫理道德（規範）去衡量；人的心理是動態、不斷發展變化的；不同文化對人的心理行為理解不同。世界人口最少的民族———布島族（「長脖子民族」），據報導全世界僅存約 200 人，在緬甸現有不足 50 人。特別是其女性的裝飾尤為奇特，脖子上戴有銅項圈 10 餘個，多者甚至達 20 餘個，重量約有 20 斤（1 斤 =500 克。下同）。我們感覺很不方便，這樣裝扮會不健康，但他們以此為美。

3. 心理健康的可操作化標準

心理健康、心理素質涉及人生活、學習、工作的方方面面。為滿足社會與學生發展需要，為落實上級文件和相關會議精神，在各級各類學校、在全社會普及與深入開展心理健康教育已經成為一種必然。心理健康教育越來越受到全體師生、社會各界的高度重視。如何深化工作，值得認真思考和探索。作為人文類，特別是與人相關的心理健康教育活動，為提升質量，我們更要考慮一些理論與實踐問題。早在 2002 年年初，我們就根據學生身心特點，站在學生現實需要和所有個體可持續發展的高度，慎重提出並確定簡單易記的「六個是」———是個快樂的人、是個自信的人、是個善於與人交往的人、是個耐挫折的人、是個積極向上的人、是個潛能正在得到開發的人，並將其視為學生心理健康教育目標。

　　上述「六個是」，相互關聯，構成整體，統一併集中反映一個人追求心理健康的奮鬥方向。「六個是」也必然是一個心理健康的「全人」應該具備的基本點。如果沒有落實，「六個是」為目標。如果落實了，「六個是」便是標準。「六個是」的意義、價值，不僅在於其是目標、標準，更是一種為實現心理健康目標、提高心理素質，可採取的一種行動方略與具體措施。落實「六個是」，才能實現「六個是」，才能真正促進心理健康，才能為人生幸福、順利、成功奠基，是人生幸福之所在。對於「是個潛能正在得到開發的人」，最初人們以為人到老年就不用了，後來體悟出老年人有老年人的「潛能開發」。「六個是」，是足以享用一生的人生指針與行動綱領。

　　如何使「六個是」的心理健康目標、標準更便於實施，更好操作？我們經過認真分析、思索後，又把「六個是」總結、昇華成核心和外顯、更可操作化的「六個字」———抬頭、挺胸、微笑。抬頭，是信心和力量的展示；挺胸，是堅強意志與拚搏精神的象徵；微笑，是陽光心態與進取、向上風貌的重要體現。「六個字」簡單，易記，好操作。立足「六個是」的「六個字」，成為眾多青年學子和社會各界人士的標竿。多年來，作者一直以此為指引，努力工作，取得一定成績。

第一部分 心理與發展

延伸閱讀

抬頭挺胸微笑

于立華

社會的快速變遷使人很難保持內心世界的寧靜與平和。適者生存一直是不可改變的事實。作為在校大學生的我們，除背負著來自家庭、自身及社會的重重壓力外，還需承受眾人的眼光。我們的身心正遭受著各種有形和無形的「壓迫」，時有疲憊，甚或心與心之間出現裂縫。有的人，盲目以自我為中心。某些方面呈現弱勢的個體，則易陷入自我封閉、自卑、抑鬱等負面情緒中難以自拔。相信每個人都是優秀的。關鍵是找準方向，走出陰影，走出人為設置的枷鎖，方能收穫快樂與成功。我們要做的、該做的，就是美好、看似簡單，實則很不簡單的抬頭、挺胸、微笑。

抬頭———展現自信，展現力量，培養自信，也造就力量。許多人被沉重的學習、生活壓力弄得焦頭爛額，抬不起頭，甚至心灰意冷。愛自己，愛別人，愛生活，我們前途光明。學會將心比心，坦誠自然，有堅定的信念，不低估自己的能力，常給自己積極的心理暗示。成功不一定需要多麼好的天資和條件，挫折只是給自己上了一堂課而已，青春的我們應無所畏懼。真正的敵人是自我內心的灰暗。抬起頭顱，做更好的自己，讓自信、豁達相伴，向前進。

挺胸———體現良好精神面貌與優秀的個人素養。堅持自我本色，為自己挺起胸膛。培養自己獨特的氣質，不計較失敗的挫傷。庸俗的評論會泯滅我們的個性，世俗的指點會讓人不知所措。找不準自己的坐標，會痛失應有的快樂和幸福。從樂觀的角度考慮，一切就都變得積極。學會欣賞自己，接納自己，做自己的主人，制定恰當的目標，努力踐行。不要把握在自己手中的線打成死結，就算失敗也要昂首挺胸。挺起胸膛，走得更好，變得更強。

微笑———最平常的面部表情，是內在涵養的充分表現。微笑，體現尊重、包容、理解與諒解。微笑，展示氣質和度量，魅力獨特。尊重自己，也尊重別人。包容自己，也包容別人。你對這個世界微笑，這個世界必會對你

微笑。微笑拉近的不僅僅是兩顆心之間的距離，也是一種心靈的認同與歸屬。微笑不只是人際交往所必需的。微笑溫暖人心。微笑是堅不可摧的力量。多一份微笑，就多一份從容，多一份自信、多一份快樂、多一份精彩。

　　人生的主題詞是成長。沒有人能代替我們成長。抬頭、挺胸、微笑，是外在代表，也是行動策略，是積極向上的力量，還是一種修養。做人，不孤芳自賞，也不隨波逐流。做事，腳踏實地，又能放遠眼光。既有隨緣的性格，也有不變的原則。既有專注的熱情，又能夠持之以恆。把心胸打開，向著理想，向著幸福，馬上出發。

　　順、逆境是人生常態。主宰自己人生命運的不是別人。抬頭、挺胸、微笑，活出精彩，做真實的自己。為了幸福、成功的人生，加油！

三、幸福人生

　　對幸福的探討古已有之，如東漢時期許慎所著《說文》中解釋：「幸：吉而免凶也」「福：佑也」。至今人們仍互相祝願「五福臨門」。「五福」即「長壽、富貴、康寧、好德、善終」，都與幸福相關。近年更是掀起一股「幸福」熱。國內外許多人士，包括媒體，都在討論幸福。著名的哈佛大學就開設了「幸福」課程。究竟什麼是幸福？幸福是怎麼樣的？幸福，是偎依在媽媽溫暖懷抱裡的溫馨；幸福，是依靠在戀人寬闊肩膀上的甜蜜；幸福，是撫摸兒女細嫩皮膚的慈愛；幸福，是注視父母滄桑面龐的敬意……幸福是一個謎，讓一千個人來回答，可能會有一千種答案。幸福與快樂一樣嗎？幸福到底是什麼？

　　（一）幸福的內涵與特徵

　　對幸福的概念、內涵與特徵的認知，目前依然眾說紛紜、莫衷一是。一般認為：真正的幸福是不能用語言描述的，只能體會，而體會越深就越難以描寫，因為真正的幸福不是一些事實的彙集，而是一種狀態的持續。幸福不是給別人看的，與別人怎樣說無關，重要的是自己心中充滿快樂的陽光，也就是說，幸福掌握在自己手中，而不是在別人眼中。幸福是一種感覺。這種

第一部分 心理與發展

感覺應該是愉快的,使人心情舒暢、甜蜜快樂。有學者認為:幸福,是在一定溫飽和安全條件的基礎上,在社會生態環境下,擁有能產生幸福感的要素、機制、動力的生活和生活狀態。幸福,是一種對自己的需要、活動和條件的感知相對和諧的生活狀態,是一種持續時間較長的對生活感到滿足和感到生活有巨大樂趣,並自然而然地希望這種樂趣持續久遠的愉快心情。幸福是一種主觀感受,但是又與客觀因素密切相關。它的發展變化表現為個體的特殊性,但它又在社會成長中遵循著普遍的客觀規律。它既受內部因素影響,又受外部因素制約,涉及自然、社會、心理等方方面面。每種觀點,都有相對獨特的出發點,都有其恰當合理的因素。能看出,幸福的特徵,應是個體在主觀、客觀和諧統一基礎上的對自身生活狀態的自覺與滿足。不同的幸福有不同的模式與表現。

我們普遍習慣,也喜歡以成敗論英雄。青年人追求理想。中、老年人也有自己的生活、工作目標。如果從個人成功,亦即自身目標的角度看,幸福是對目標的恰當調整和對努力成果的認同與接受。也就是說,幸福源於自己對成功的理解、努力與接受。每個人都有各自的目標,包括人生目標、階段目標或者某件事務上的具體目標。目標達到則喜悅、幸福,而預期目標未達到仍有幸福感,則必然涉及對目標的調整與重新認知,以及對努力成果的認同、接受。如果認同、接受現狀,認同、接受眼下所獲得的成果,那麼就會幸福。由此,幸福便是一個人因狀態得到改變,並自我接受、認同這種改變,而產生喜悅、滿足和感恩、富足的心理感受。幸福與投入、預期和自我評價相關。幸福不是狀態本身,而是對狀態的認同、接受。可見,幸福是自己和自己比,也是和別人比,但更是自己和自己比。今天的我,超越了昨天的我。我在不斷前進,或者瞭解某種改變,包括具有自然性、不可逆性的退步、退化。我認同、接受,便成就了幸福,而擁有幸福。幸福不僅僅是快樂,快樂不一定幸福。幸福一定包含快樂。幸福一定是快樂持續、持久的集合體。

雞蛋從外打破,是食物;從內打破,是生命。人生,從外「打破」,是壓力;從內「打破」,是成長。命運給每個人不一樣的安排,我們要追求的是屬於自己的幸福。與其和別人攀比所謂幸福,還不如立足現實,設身處地;與其盲目等待幸福,還不如發奮努力;與其追求好高騖遠式的所謂幸福,還

不如想想實際情況，路就在腳下；與其悲觀失望、顧影自憐，還不如自信滿滿，愈挫愈勇。對於選擇如何經營自己生活的方式方法，心胸和力量最為關鍵。最美好的不是未來，而是今天。不存在只有優點、沒有缺點的完美，有好有壞才是真實、完整的。不能因為追求完美而痛苦，要接受完整而幸福。要能自在地與遺憾和缺點相處，給自己一份樂觀心情，給自己一份平和心態，保持最真的情懷，堅守最好、真正的自己。用自信、紮實的腳步，堅定自己的選擇；用平常、平和的心態，笑迎人生每一天。追求幸福，就是使生活快樂而有意義，是愛得深切、實在，是主、客觀的和諧統一，是奔向更美好的生活。奮鬥、知足就是幸福。

（二）幸福的基礎與核心

幸福的基礎是健康。1990年世界衛生組織確定「在軀體健康、心理健康、社會適應良好和道德健康四個方面皆健全」，2000年又增補了「生殖健康」的健康新概念。這可以給我們以重要啟發。完美、真實的健康，必然包括上述五個層面。損害他人利益以滿足自己需要，不能按照社會認可的道德行為規範約束自己，不具備辨別真偽、善惡、榮辱、是非觀念和能力的人，即使其他方面優良，但是會給他人、給社會造成惡劣影響，以及自身扭曲的內心世界。他們必然屬於不幸福者。目前性疾病傳播有蔓延之勢，生殖問題影響幸福。

幸福的核心是心理健康。幸福的本質是一種和諧的心態。快樂在自己心裡，幸福當然也在自己心裡。幸福與金錢、物質財富沒有直接關係。人們獲得幸福的經歷越曲折，獲得的幸福感越大。將淺層次的快樂轉化為深遠的滿足感和持久的幸福感，將經歷一件益處更大、難度也更大的過程。中國心理學家主流認識所強調的「心理健康是指一種持續的積極的發展的心理狀態」「主體能對社會做出良好的適應，能充分發揮身心潛能，而不僅僅是沒有心理疾病」指出了正確的方向。我們根據學生的身心特點，結合人生發展的現實需要，慎重提出確定的、簡單易記的「六個是」心理健康目標與標準———是個快樂的人、是個自信的人、是個善於與人交往的人、是個耐挫折的人、

第一部分 心理與發展

是個積極向上的人、是個潛能正在得到開發的人,並將其總結、昇華成核心和外顯、更可操作化的「六個字」———抬頭、挺胸、微笑,以供參考和實施。

人生就是人們渴求幸福和享受幸福的過程。內心和諧,內心強大,方可創造和擁有幸福。為什麼有人總覺得痛苦大於快樂,憂傷大於歡喜,悲哀大於幸福?是因為他們總是把不屬於痛苦的東西當做痛苦,把不屬於憂傷的東西當做憂傷,把不屬於悲哀的東西當做悲哀,而把原本該屬於快樂、歡喜、幸福的東西看得很平淡,沒有把他們當做真正的快樂、歡喜和幸福。遭遇坎坷、出現困難是人生命中的一種常態,不要悲觀失望,不要長吁短嘆,不要停滯不前。如果走了彎路也不要緊,走彎路其實是前行的一種形式、一個途徑。我們本來就應該像彎彎曲曲的河流最終匯入大海那樣,透過不懈努力,抵達那遙遠的人生海洋。思考與領悟人生,才能走好人生之路。認識幸福,才能奔向幸福。

世界各國各界人士普遍關注的幸福指數,又稱幸福感指數。幸福感是由人們所具備的客觀條件以及人們的需求價值等因素共同作用而產生的個體對自身存在與發展狀況的一種積極的心理體驗。21世紀以來,美國、英國、日本等先進國家,以及開發中國家和地區,都先後主要針對健康、犯罪、教育、住房、政府管理、居民財產、環境和物價情況等要素,開展幸福指數研究,並創設了不同的幸福指數模式。幸福指數公認是反映民眾主觀生活質量的核心指標。我們應努力發展自己,提升自身幸福感,同時為社會進步盡心盡力,推動全社會幸福指數提升。

(三)幸福需要學習和努力

每個生命都有其生存的意義。整個社會已經向更加重視生命的方向推進。我們敬畏生命、尊重生命,其表現之一,就是追求幸福。讓自己幸福,是人一生中應盡所有力量來完成的最重大、最重要的事情。特別是當代大學生,更應該努力創造屬於自己的幸福。幸福以學習為條件,幸福需要學習。幸福,必是透過自身努力而獲得的。一個人總在仰望和羨慕著別人的幸福,卻發現自己正被別人仰望和羨慕著。不要站在旁邊羨慕他人幸福,其實幸福一直都在你身邊。只要你還有生命,還有能創造奇蹟的雙手,沒有理由當過客、做

旁觀者，更沒有理由抱怨生活。幸福是一門學問。幸福需要學習，需要努力追求。

如何做到不抱怨生活、找出解決問題的方法，怎樣感受友情、廣交朋友，如何不貪圖安逸、勤奮工作，怎樣降低負面影響、少接受負面訊息，如何給自己動力、樹立生活的理想、確立目標，怎樣珍惜時間、有規律地生活，如何心懷感激、把注意力集中在快樂的事情上？這些都需要學習、思索。學會放下不必在乎的東西，學會遺忘必須清空的事物，抓住真正屬於你的快樂和幸福。追求利人幸福和利己幸福。反對損害他人及社會利益，反對僅有所謂自身幸福的害人幸福，也反對僅貪圖眼下快樂，損害了自己長遠利益的害己幸福。每個人心中都有一片海，自己不揚帆，沒人幫你啟航！人生，就是一場自己與自己的較量：讓積極打敗消極，讓快樂打敗憂鬱，讓勤奮打敗懶惰，讓堅強打敗脆弱。在每一個充滿希望的清晨，告訴自己：努力，就總能遇見更好的自己。讓我們擁有正確的幸福觀，掌握獲得幸福的原理與方法，享受屬於我們自己的幸福、美好人生。

幸福人生這門課對年輕人來說「專通兼修、轉識為能、通達圓融、以識啟智」的理念，以「推動學生素養提高、學業進步、終身發展，成就幸福、美好人生」為核心宗旨，共設置心理與發展，愛、婚戀與家庭，快樂、高效地工作，多姿多彩多樣人生，中華傳統文化與幸福人生五大版塊。內容從健康、心理、愛、婚戀、家庭與其經營、職場特點、投資理財、「心想事成」策略與追求成功之路探索，到多樣化興趣愛好，如琴、棋、書、畫、舞、影、視、音樂、遊戲等相關知識等應有盡有。力求最大限度幫助年輕人深入認識和完善自我、辨證看待成功與失敗，使其具備良好合作意識、生活能力、解決當代社會各種問題的能力。

幸福人生，有賴於知識面的拓展，有賴於共同探討。讓我們攜手，積極進取，助力生命幸福、人生成功。相信能為大家的幸福人生增光添彩！

思考與反思

1. 我們應該如何認識健康和心理健康？試立足目前自身健康與心理健康現狀，分析今後努力方向。

第一部分 心理與發展

2. 怎樣的生活狀態才是屬於自己的幸福？怎樣保持或讓自己進一步擁有幸福感？

第二講 自我意識與健全人格

人，認識你自己；想左右天下的人，須先能左右自己。——蘇格拉底

被譽為西方哲學的奠基者、古希臘三傑，又是師生關係的蘇格拉底、柏拉圖、亞里士多德留下了大量寶貴的精神財富。其中鐫刻在古希臘宗教中心德爾菲神廟前石碑上的蘇格拉底千年名句「人，認識你自己」，一直受人敬仰，對後人的生活和思想產生了巨大影響。從人的成長、發展進程看，此箴言必將永遠是照耀人生前進的思想燈塔。蘇格拉底還說過「想左右天下的人，須先能左右自己」。在中國，先賢也早有此智慧。古語「人貴有自知之明」等，都能給我們重要啟迪。我是誰，我是一個什麼樣的人，我生命的意義是什麼，我應該怎樣改變自己等，是人類千百年來一直思索和探討的重大話題。人格是一個與自我意識緊密關聯的重要概念與要素。我們經常談到人格，包括許多教育工作文件與會議，都提出「培養健全人格」。自我意識是什麼，人格是什麼，怎麼才能擁有良好的自我意識和健全人格？作為現代人，特別是當代大學生，追求幸福、美好的人生時，必須認真回答，並解決好這樣的問題。

一、自我意識

「在早晨用四只腳走路，中午用兩只腳走路，晚間用三只腳走路，在一切生物中這是唯一的用不同數目的腳走路的生物。腳最多的時候，正是速度和力量最小的時候。」據說這是斯芬克斯最為得意的一個謎語。俄狄浦斯一語中的，謎底是「人」。因為「在生命的早晨，人是軟弱無助的孩子，他用兩腳兩手爬行；在生命的當午，他成為壯年，用兩腳走路；但到了老年，臨到生命的遲暮，他需要扶持，因此拄著拐杖，有了第三只腳」。這則神話故事被稱為「斯芬克斯之謎」，一直流傳至今。人類在認識自然的同時，當然有認識自身的要求。從客觀情況看，每個人其實都是按照自己認為自己是怎樣一個人而行動的，因此，每個人認為自己是怎樣一個人，比他（她）真正是怎樣一個人更重要。

（一）自我意識的概念與意義

1. 自我意識的概念

自我意識，有時也被稱作自我認識或自我。從心理內涵、分類方面去認識自我意識，既簡單又能使知識更具系統性。我們知道，心理從意識維度劃分為意識和無意識。其中，意識是指現時被個人覺知到的心理現象，又分客觀意識和自我意識。客觀意識是個體對周圍人和世界的認識，自我意識則指個人對自己，以及自己和周圍關係的認識。這是自我意識最基本的概念。進一步分析，自我意識就是自己對自己的認知，包括對自己的生理狀況、心理特徵，以及自己與他人的關係的認知。這也可描述成個體對屬於自己身心狀況的認識，對自己以及自己與周圍世界關係的認識，尤其是人我關係的認識。「情商」提出者之一、「情商之父」美國心理學家約翰·梅耶，將自我意識簡單地定義為「及時覺察到自己的情緒以及對這種情緒的想法」。

2. 自我意識的意義

人的正常心理發展都要經歷從幼稚到成熟的過程。只有對自己各個方面，都有比較明確的瞭解，才能在環境適應和個體發展上，獲得理想成果。形成正確的自我意識，既是心理成熟的代表，也是心理健康的首要條件，更是人生順利、幸福、成功的重要基礎。一切成就，均從自我意識開始。充分認識自我，就成功了一半。自我意識的心理意義重大。我們應明確其意義，努力提高自己的自我意識水平，為自己人生幸福、成功奠定重要基礎。

良好的自我意識促進人們適應社會，促進和諧的人際關係的形成。自我意識的深化，既能使自身行為優化，也有助於理解他人的心理，進而有助於人際交往。人們很容易假定自己的行動方式，是他人在同樣情境中的行動方式。他們普遍透過解釋他人的行為，來理解他人的意圖、信念和願望。自我意識是理解他人的參照點。大量心理學實踐證明，許多人社會適應不良及人際關係不協調，都是由自我意識不健全或不正確造成的。知己知彼，才能保持良好的社會適應和人際關係，維護心理健康。如果一個人對自我各方面的認識，與客觀的現實差距太大時，可能造成社會適應不良和人際關係不協調，從而影響心理健康，也必然影響自身生活與發展。

第一部分 心理與發展

良好的自我意識創造最佳心理質量，促進自我實現。心理學家馬斯洛認為自我實現是心理最健康和心理質量最佳的代表。一般在社會生活中感到焦慮和對他人消極評價的過度焦慮，會使人感到緊張。多數女性、少數男性表現為害羞。過度緊張、害羞會導致不適應行為產生，適度則可能有益。對緊張、害羞有預估，從而進行相應的準備和演練，則必然有益。對陌生人和不熟悉情境的適度謹慎相當重要。類似這樣的過程，都涉及自我意識。健全、良好的自我意識，能最大限度地挖掘自身心理潛力，推動自我實現。

良好的自我意識有助於自我教育和自我完善。人透過自我意識發展自己。當現實的自我和理想的自我不能統一，或在理想自我實現的過程中遇到挫折，有健全自我意識的人能夠透過自省，自覺地尋找其原因。一方面透過自我調節、控制，糾正心理偏差，努力縮小理想自我與現實自我的差距，使二者趨同；另一方面重新調整認識，形成新理想自我的中心內容，實現自身心理行為個體化與社會化完善、協調、平衡發展。

良好的自我意識當然對心理健康有積極、重要的影響。人類意識的最本質特徵，即人和動物在心理上的分界線，是自我意識。自我意識是每個人個性心理的重要核心基礎。自我意識把人的願望、愛好、欲念、習慣、利益結合成統一的體系，在日常生活中構成個人的內心世界，對人格發展起著極為重要的作用。提高自我意識水平，是生活、學習、工作、人生幸福與成功的需要，也是提高心理健康水平的重要手段。

（二）自我意識的結構

自我意識是意識的一種形式，是意識的核心部分，也是意識的最高級形式。它不是單一的心理品質，而是認識、情感、意志的融合體，是一個完整的心理結構，是一個多層次、多維度的心理系統。自我意識的概念，是我們認識其結構與特徵的重要基礎和起點。自我意識可以透過觀察、分析外部活動，以及情境、行為的比較等途徑獲得。

從內容上看，自我意識既包含生物、生理因素，又包含社會、精神因素。因此，自我意識至少包括如下三個方面：生理自我、心理自我、社會自我。生理自我是最原始的形態，是個人對自己身軀（身高、體重、容貌、身材、

性別等）的認識及溫飽饑餓、勞累疲乏的感受，包括占有感、支配感和愛護感等。心理自我是個體對自己的心理活動的意識，即對自己心理品質的自我認識和評價，主要是對自己個性心理特徵的意識，包括對自己性格、智力、態度、愛好等的認識和體驗。心理自我的發展，同個體的生理、情緒、思維（包括性成熟、想像力、邏輯思維能力等）的發展相聯繫，主要表現在自我體驗、成人感、性意識、自我反省和自我意識的矛盾性等方面。社會自我是指個體對自己在社會關係、人際關係中的角色的意識，即自己在集體中的地位及自己與他人相互關係的評價和體驗，包括對自己在社會生活中的經濟狀況、聲譽、威信等方面的自我評價和自我體驗。

從形式上看，自我意識表現為認知、情感和意志三方面，分別稱為自我認識、自我體驗和自我調控。自我調控也稱自我控制。自我認識屬於自我意識的認知成分，是一個人對自己的認識，主要回答「我是誰」「我是怎樣一個人」「我怎麼是這樣的人」等問題。它包括自我感覺、自我觀察、自我分析、自我概念、自我評價等。其中自我評價是自我認識中最主要的方面，集中反映個體自我認識，乃至整個自我意識的發展水平。自我體驗是主觀自我對客觀自我產生的情緒體驗，在自我認知的基礎之上形成。自我認知決定自我體驗，而自我體驗又強化著自我認知。要回答的問題是：「我是否喜歡自己」「我是否滿意自己」等。這主要是一種自我感受。自我體驗的內容十分豐富，包括自尊心、自信心、義務感、責任感、優越感、榮譽感、羞恥感等。自我調控是自我意識的意志成分，是對自己行為、思想和言語進行控制，以達到自我期望的目標。它主要表現在兩個方面，即發動和制止，如幾點鐘起床，不隨地吐痰，要文明守紀等。前述社會自我的突出表現是自我控制。自我調控對個體的學習、工作具有推動作用，屬於個體為了獲得優秀成績、社會讚譽，達到自己目標而做出的不懈的努力。自我控制包括堅持性和自制力，其具體表現為自我激勵、自我暗示、自強自律等，其核心內容是「我將如何規劃自己的人生」「我應該做什麼」「我應該成為什麼樣的人」「我選擇如何做」等。自我控制是自我意識的關鍵環節。

生理自我、社會自我、心理自我構成完整自我意識。自我認識、自我體驗和自我調控相互聯繫、有機組合、完整統一，成為一個人個性的核心內容。

第一部分 心理與發展

我們認為，在自我意識的內容裡面，還應包括道德自我。道德自我是指個體對自己遵守道德行為規範、遵守法紀、思想政治品質、生活和思想作風等方面進行的自我認識和自我評價，以及自我體驗與調控。道德自我，也能把自我意識與世界衛生組織提出的健康新概念中的生理健康（可包含生殖健康）、心理健康、社會適應良好和道德健康等因素對應起來。道德自我鮮少有人提及，應該引起高度重視。自我意識結構中內容與形式的關係，可透過表 2-1 反映和體現。

表 2-1 自我意識內容與形式的關係

自我意識結構	自我認知	自我體驗	自我調控
生理自我	對自己身體、衣著、風度、家屬、所有物等的認識	英俊、漂亮、有吸引力、自我悅納等	追求外表的美麗、物質欲望的滿足、維持家庭的利益等
心理自我	對自己的名譽、地位、角色、性別、義務、責任、力量等的認識	自尊、自信、自愛、自豪、自卑、自憐、自慰、自我效能感等	追求名譽地位，與他人競爭，爭取得到他人的好感等
社會自我	對自己的智力、性格、氣質、興趣、能力、記憶、思維等特點的認識	有能力、聰明、優雅、敏感、遲鈍、感情豐富、細膩等	追求信仰，注意行為符合社會規範，要求智慧與能力的發展
道德自我	對行為規範、法紀意識、思想品質與文明度、作風等的認識	行為規範、法紀意識、思想品質與文明度、作風良好等	行為規範、法紀意識、思想品質與文明度、作風等的再優化

　　自我意識從存在方式上看，還可分為現實自我、投射自我和理想自我。現實自我是個體從自己的立場出發對自己當前總體實際狀況的基本看法。投射自我也稱鏡中自我，是指個體想像自己在他人心目中的形象或他人對自己的基本看法。理想自我是指個體想要達到的比較完美的形象。對自我意識從存在方式上分析，對於提高我們的自我意識水平，也有獨特價值。如何使現實自我、投射自我和理想自我和諧共存，不至於因此而造成成長、發展問題，是重要課題。自我意識客觀存在。明確自我意識的結構，有助於我們更好地前行。

　　（三）自我意識發展容易表現出的缺陷

自我意識體現著一個人的成熟度，決定著人的個性心理發展水平。我們看到，隨著教育水平的提升和社會各方面的發展，個體自我意識水平普遍提高，但也存在固有的不足，甚至還產生了一些新的不足。看到問題是為了更好發展。這裡我們主要分析自我意識在發展中存在的問題，以供借鑑，希望對大家都有啟發和幫助。

1. 過度自我接受與過度自我拒絕

自我接受是指自己認可自己，肯定自己的價值，對自己的才能和侷限、長處和短處都能客觀評價、坦然接受，不會過多地抱怨和譴責自己。對自我的接受是心理健康的表現。過度自我接受是指有點自我誇張。他們高估自我，對自己的肯定評價往往有過之而無不及，拿放大鏡看自己的長處，甚至把缺點視為長處。其人際模式是我好、你不好，我行、你不行。過度自我接受的人容易產生盲目樂觀的情緒，自以為是，不易處理好人際關係。而且過高評價滋生驕傲，他們容易給自己提出不現實的高要求，承擔無法完成的任務、義務，而導致失敗。自我拒絕則是指不喜歡自己，不能容忍自己的缺點和弱點，否定、抱怨、指責自己。過度的自我拒絕是更嚴重的、更經常的自我否定。適度自我拒絕，可以促使我們不斷修正自己。過度自我拒絕則嚴重低估自我，導致人際交往模式一般為我不好、你好，我不行、你行，或者我不好、你也不好，我不行、你也不行。過度自我拒絕的人看不到自己的價值，只看到或誇大了自己的不足，感到自己什麼都不如他人，處處低人一等，由此喪失信心，嚴重的還可能由自我否定發展為自我厭惡，甚至走向自我毀滅。

2. 過強自尊心與過強自卑感

自尊心和自信心、好勝心、獨立感等諸多形式，都是青年人自我意識發展的一部分主要表現。自尊心是個體要求尊重自己的言行和人格，維護一定榮譽和社會地位的一種自我意識傾向性。多數大學生都有強烈的自尊心、好強、好勝、不甘落後。自尊心強的大學生對自己有信心，相信自己能克服缺點，取得進步，這不屬於自大和驕傲。但過強的自尊心卻和驕傲、自大等密切聯繫在一起。他們缺乏自我批評，而且不允許別人批評，以自我為中心，唯我獨尊。這樣的人迴避或否認自己的缺點，缺乏自知能力，不能和別人和

第一部分 心理與發展

諧相處，容易失敗，也容易受傷害。自卑感是對自己不滿、否定的情感，往往是自尊心屢屢受挫的結果。過強的自尊心和過強的自卑感是密切聯繫、互為一體的，自尊心過強表現得越外顯、強烈的人往往是極度自卑的人。自尊心、自卑感過強都會影響心理發展和人格成熟。好多人認識到了自卑問題，但忽視了過強自尊心的困擾，應該引起重視。

3. 自我中心與從眾心理

自我中心是指凡事從自我出發，不能設身處地的進行客觀思考。自我中心者多以同伴的導師或領袖身份出現，指使別人，盛氣凌人，或者按自己主觀意志辦事，出了事總是認為自己對、別人錯，習慣把自己意志強加於人，不易贏得他人好感和信任，其人際關係大多不和諧，做事難以得到他人幫助，容易受到挫折。高中階段、大學階段是人自我意識發展最快、最強烈階段。特別是大學生高度關注自我，往往從自我的角度、標準去認識、評價和行動，容易出現自我中心傾向。與自我中心相反的是從眾心理。從眾心理人皆有之。過強的從眾心理實際上是依賴反應。其表現為：缺乏主見與獨立意識，自己不思考或懶於思考，常人云亦云，遇到問題就束手無策。這最終使自主性受影響，創造力受抑制。應擺正自己的位置，既重視自己，也不貶低別人，自覺把自己和他人、集體結合起來，走出自我小天地，獨立思考、分析。這些是克服自我中心與從眾心理的最基本、最重要途徑。

4. 過分獨立意識與過分逆反心理

特別是大學生，自我意識發展最顯著的代表之一是獨立意識。但是獨立意識過頭，便會矯枉過正。很多大學生把獨立理解成「萬事不求人」，不需要別人幫助。其結果是在現實生活中，遇到困難，遭受挫折，只能自吞苦果，甚至有些人還付出了沉重的代價。其實，獨立並不意味著獨來獨往、我行我素和不顧社會規範，而是指在感情、行為等方面，個體能對自己所作所為負全部責任。一個真正成熟的個體是獨立的。他對自己負責任，但不排除接受他人的幫助。逆反心理是自我意識發展過程中的一個副產物，其本質是為尋求獨立、尋求自我肯定，為了保護新出現的、正在逐漸形成的、還比較脆弱的自我，為了抵抗在他們看來壓抑自己的那種力量。這是青年階段心理發展

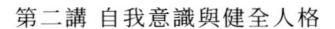

的必然要求。因為這個原因，青年期也被稱為第二反抗期。逆反心理過分時往往採取非理性的反映方式：內容上不區分正確與錯誤、精華與糟粕，一概排斥；手段上只是簡單的拒絕和對抗，情緒成分大；目的上僅為反抗而反抗，為拒絕而拒絕；逆反的對象多為家長、老師和社會上所宣傳的觀念、典型人物等外部權威；結果阻礙了人們學習新的或正確的經驗，完全不利於健康成長。

所有的這些缺陷，都是心理尚不成熟的表現。從發生機率和數量看，上述問題，包括主觀自我（自己看我）和客觀自我（別人看我）、理想自我和現實自我、自尊與自卑、獨立與依附、交往需要與自我閉鎖等自我意識方面的矛盾衝突，並不是某個人所遇到的，而是幾乎所有人或多或少、或輕或重都要親身經歷的，只是在時間遲早與表現強度上會有所不同。這既普遍，又正常。

（四）健康自我意識的標準

從現實情況看，某些個體在心理、社會諸方面頻繁遇到影響學習、生活、工作，甚至已經嚴重影響生理機能且導致疾病的大量困擾或者問題。這都與自我意識不當、存在一定問題相關聯。我們應該努力追求健康的自我意識。我們應透過自我意識水平的提高，避免出現心理、社會多方面困擾甚至預防生理疾病。社會各界應該發覺健康自我意識的極端重要性並高度重視，做出相應努力。這樣的工作必然很有意義，讓我們一起行動。

健康自我意識的標準主要表現為：自知之明———自我意識健康者，應該是一個有自知之明的人，既知道自己的優勢，也知道自己的劣勢，能正確評價自我和自我發展；自我協調———自我意識健康者，應是自我認識、自我體驗和自我控制協調一致的人；自我肯定———自我意識健康者，應該是積極自我肯定的、獨立的並與外界保持一致的人；理想我、現實我相統一———自我意識健康者，應該是理想自我與現實自我統一的人，有正常的目標意識和內省意識，積極進取，永無止境。只有人們的思想認識提高了，有針對性地努力調整、修正，才能達到自我真正的統一、強大和健康。

第一部分 心理與發展

延伸閱讀

自我中心的表現及其矯正

小李是在校學生，但因我未任教他所在班級的課程，起初對其並不熟悉。他主動找我諮詢，因此有過多次交流。自從進大學以來，他覺得周圍的人都不喜歡他，都對他不滿。他入學一年多，幾乎沒什麼朋友，與同學也鮮有來往。他感到很孤獨，因在其內心裡，他很想交朋友。能判斷出小李同學並不是那種膽小怯懦、懼怕交往型的人。和我面對面，他能從容不迫，侃侃而談。小李抱怨說現在的大學生思想特別不成熟，行為舉止幼稚，特別是自己身邊的同學，儼然還是中學生的生活狀態，這讓他非常看不慣。有次上完一節課，室友回來紛紛抱怨學這門課無用，老師有時還照本宣科，課堂少有激情，以後打算能曠課則曠課。小李打斷大家，說：「學習靠自己，你們這樣是給自己懶惰找藉口。」當時寢室氣氛一下子就凝固了。去學生餐廳吃飯，小李看見一種自己想吃的菜的色澤、外觀不是自己想像的模樣，大聲嚷嚷「這菜餵豬還差不多」。剛巧同班兩位女同學正在準備點這種菜，她倆回過頭狠狠地翻了個白眼。班上打算去郊遊，班代提前商量方案，大家想去一個景區遊覽，可是小李認為那個季節風景區確實沒有風景，據理力爭要把活動安排在附近孤兒院，結果討論會不歡而散。最後大家還是去了那個景區，但小李沒去。小李一再表明，他說的都是真話、大實話，為什麼大家都不能理解呢？他還說，如果堅持真理，就注定孤獨的話，他還要堅持下去，走自己的路，讓別人說去吧。

初看，覺得小李確實挺委屈，但仔細分析，就會發現小李的主要問題是在人際關係的處理上，包括在與同學們的交往上，思考和看待問題時明顯表現出以自我為中心。從小李所講的事情來看，他都是從自我的角度，去思考相應行為的合理性。焦點在於小李解決他所面臨的問題時不能正確歸因，更沒有必要的換位思考，不能從他人的角度去反思自身行為與表現的不合理性。有這種情況的青年人，包括在校大學生都為數不少。他們為人處事都以自己的興趣和需要為中心，只關心自己的想法和感受，不考慮他人的感受，完全

從自己的角度、自己的經驗去認識和解決問題,似乎自己的態度就是他人的態度。自我中心影響人際關係,也影響個人發展。

克服自我中心可從以下幾點著手:第一,換個立場看問題,學會換位思考,這是克服自我中心的關鍵。必要時可求助於心理諮詢。心理諮詢中應用空椅子技術和角色扮演法等能幫助來訪者嘗試從別人的角度思考問題。第二,坦然接受批評和建議,允許有不同意見。人際交往中的經典理念「也許你是對的」應常記在心,改變自以為是、固執己見的心態。第三,學會一些人際交往的技巧,如傾聽等。自我中心的人往往在傾聽之前就已經關閉了耳朵,只聽得見自己的聲音。真正的傾聽不僅用耳朵在聽,更是用眼睛、用心靈在聽,不僅能聽懂語言所反映的意思,還能聽懂弦外之音。第四,既使自己融入集體中,又能在集體中保持自己獨立的個性。尊重大家,也堅持自己理性分析所得的正確要素。第五,一定要力行。有感悟,有學習,有實踐,才能不斷成長。

自我為中心還有更具體的調適方法:當你做某件事情時,設想一下,如果另一人也同樣想做這件事情,你認為他這樣做,和你有什麼樣的利害關係;設想一下,如果這個世界只有你一個人,生活該是什麼樣子;請回憶一下,在你認識的人當中,有沒有誰曾經做過不該做的事,列出你認為他不該這樣做的理由;你認為周圍的人應該怎麼樣對待你才是對的,請儘量列出來,寫在紙上;你認為自己應該怎麼樣對待周圍的人才是對的,請儘量列出來,寫在紙上;把上兩條所列出的行為認真對比,看看二者之間有什麼差異,用心體驗。

發展自己,唯有努力。真正實踐到位,必能回歸正確、恰當的自我。

二、人格

生活中我們時常聽到這樣的評論:某某有良好的人格;某某很虛偽,人格卑鄙;某某其貌不揚,但人格高尚。在選美比賽中評委給選手打分通常不只看選手的天資和外貌,還要看選手的人格是否有魅力,等等。這些話語與行為中,對人格的認知有恰當的地方,也有不恰當的地方。瞭解人格的含義

第一部分 心理與發展

及其構成、人格的特徵及類型、什麼是健全人格等，對認識自己和他人的人格特點，接納、欣賞自己和他人的獨特性，積極提升自己等都有重要意義。

(一) 人格概述

人格，也稱個性。人格概念源於希臘語「Persona」，原來主要是指演員在舞臺上所戴的面具，類似於中國許多戲劇中的臉譜。心理學借用這個術語用以說明：在人生的大舞臺上，人也會根據社會角色的不同來換面具，這些面具就是人格的外在表現；面具後面還有一個實實在在的真我，即真實的自我，它可能和外在的面具截然不同。一般認為，人格概念分廣義與狹義兩類。狹義的人格定義，也是心理層面的觀點：人格是個體區別於他人的、相對穩定和具有獨特傾向性的心理特徵總和。從廣義上看，人格是以一定的社會經濟條件下的倫理道德為主導，在遺傳和實踐基礎上形成的人的生理、心理和行為特質的總和。這樣，人格的內涵就有三個層次：人的道德品質；人的性格、氣質、能力、需要、興趣、動機、世界觀等要素（相當於心理學層面的人格）；人作為權利、義務主體的資格及其外在表現。多數時候，我們談人格，就指心理學層面的人格，即狹義人格。我們主要討論狹義的人格。

在第一講中我們討論「心理」「心理分類」時，曾提到心理從動態維度可分為心理過程和個性心理兩大方面。個性心理反映人的心理現象個別性的一面，是指一個人在生活實踐中形成的相對穩定的各種心理現象的總和。它有三個層面內容：個性傾向、個性特徵、個性調控。個性調控以自我意識為核心。個性傾向是個性心理中最活躍的因素。心理過程與個性心理緊密聯繫。個性心理發展以心理過程為基礎，又影響心理過程，在心理過程中得以表現，使心理過程帶有個人色彩。有人認為個性心理就是人格，心理即心理過程與人格。從現在的研究看，多數學者所說的心理層面的人格，即狹義的人格，一般只包括個性心理中的個性傾向、個性特徵。

人格的形成受諸多因素的影響，大致可從遺傳、主觀、客觀三方面去認識。與先天關聯的生物遺傳是一個重要方面。大量研究證實，父親或母親的某些人格特點能遺傳給子女。遺傳決定了人格發展的可能性。環境等決定了人格發展的現實性。家庭環境的影響特別重大，特別是在 0~5 歲人格形成關

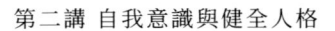

鍵期。民間「有其父必有其子」的說法有深刻道理。每個人自覺不自覺打上了家長這樣的「首任老師」造成的家庭烙印。學校教育一定影響學生人格形成。每個老師有獨特的「氣氛區」，所在班級集體、宿舍，甚至所參與的社團等，都會造成不同程度的影響。民族、社會文化，成長經歷，成長過程中的自我認識、體驗、調控等，都會影響一個人的人格。最後形成人格不同、具有獨特性，人格結構與其對行為的影響具有穩定性，各部分有機組合、密切聯繫、表現出整體性，與所謂「性格決定命運」的功能性，以及生理、心理統一，亦即自然性和社會性統一等人格特徵。

近年來，學者對屬於人格範疇的社會人格和屬於人格缺陷的反社會人格的研究較多。社會人格是同一種群體中多數成員共同具有的心理特質和性格特點。不同性別、年齡、民族、文化和階層的人構成不同群體，各有其獨特的心理和人格。如青年人有青年人的社會人格，軍人有軍人的社會人格，不同國家公民的社會人格特徵不同。社會人格建構於個人人格基礎之上，同時又是多數人共同具有的人格特點。社會人格作為一種共性特質，隱藏在個人的人格深處，成為對個人人格起作用的深層力量。普遍認為，如果一個人具有以下七個特徵中的三個或三個以上，即可認定其為「反社會人格」者：無法遵守社會規範、慣於欺騙和操縱他人、易衝動而不能事前計劃、易怒而對他人有攻擊性、毫不顧及自身和他人安危、總是不負責任、做了壞事卻無絲毫罪惡感。重者屬於反社會人格障礙。社會上時有發生的個體為洩憤而破壞公共安全及社會秩序的事件，包括損害別人利益而無內疚、罪惡感等，可視為反社會人格表現。

健全人格，也稱健康人格，是指對生活、社會持樂觀態度，能夠超越生物本性和環境特徵，不斷擴展、豐富、發展、完善和開發自身潛能。健全人格的核心標準，則是正確的自我意識、和諧的人際關係、良好的情緒調控能力、良好的社會適應能力、健康高尚的審美情趣、樂觀向上的人生態度等。一個人的人格是否健全，會影響其自身行為和認知，也會影響他人生活。健全人格不僅是自身幸福生活所必需的，也能給別人帶來歡樂。心理學人本主義流派的代表人物，曾任美國心理學會主席、獲美國心理學會頒發的傑出科學貢獻獎的著名心理學家、現代個性心理學創始人之一的高爾頓·威拉德·奧

第一部分 心理與發展

爾波特（GordonWillard Allport，1897—1967）說：「人的鮮明特徵是他個人的東西。從來不曾有一個人和他一樣，也永遠不會再有這樣一個人。」這已能夠說明人格、健全人格的重要性。

（二）氣質、性格

在人格的形成和發展中，人格與氣質和性格的關係最為密切。人格主要透過氣質和性格體現。因氣質和性格不同，人格各不相同。討論人格，必討論氣質與性格。

1. 氣質

日常生活中所說的氣質，往往是指一個人的談吐、儀表與待人接物等的形象或者表現，更多的是對一個人的儀表、外在表現的評價。心理學領域的氣質則是指個體表現在心理活動的強度、速度、靈活性與指向性的一種穩定的心理特徵。後者主要反映一種由內而外、內外結合，透過外部表現而體現出的一個人的內在特徵。這種特徵既決定了主觀心理活動的動力特徵，又給每個人的心理活動蒙上了一層獨特的色彩。其實質就是通俗所講的性情、秉性、脾氣。比如，有人活潑好動，以快為特點。有人情緒易激動、一觸即發，以急為特點。有人沉穩安靜，以慢為代表。有人情緒柔弱、不動聲色，以緩為特徵等。日常生活與心理學所述的氣質都很重要。仔細思索，二者間還有一定內在聯繫。我們主要討論作為人格構成要素的心理學所說的氣質。

氣質有好多種分類方法。根據在人身上的表現所劃分的類型叫氣質類型，據此分膽汁質、多血質、粘液質和抑鬱質等。具有膽汁質氣質的人就像夏天裡的火。這類人精力旺盛，直率、熱情，行動敏捷，情緒易於激動，心境變換劇烈。多血質的人就像春天裡的雨。他們具有活潑好動、反應迅速、情緒發生快而多變、興趣容易轉移等特徵。粘液質的人就像冬天裡的雪。這類人反應較為遲緩，但無論環境如何變化，都能基本保持心理平衡；凡事深思熟慮，力求穩妥，一般不做無把握的事情。抑鬱質的人就像秋天裡的風。他們難以忍受，也厭惡強烈刺激。他們感情細膩而脆弱，常為區區小事引起情緒波動。更多的人是多種氣質的混合體，要看哪種氣質占主導性地位。正確對

待自己的氣質類型，經常有意識地控制自己氣質的消極方面，發揚積極品質，以利於形成更加優良的人格特點。

2. 性格

性格是個人對現實的態度和習慣化了的行為方式中所表現的較穩定的心理特徵。我們通常所說的謙虛或驕傲、誠實或狡猾、勇敢或懦弱、勤勞或懶惰等，在心理學上屬於性格範疇。性格是一種與社會最密切相關的人格特徵。性格表現為個體對現實與周圍世界的態度，對自己、對別人、對事物的態度。性格是人的個性心理特徵的重要方面，人的個性差異首先表現在性格上。

從不同角度和側面可以對性格類型進行不同的劃分。如按照知、情、意在性格中的表現程度，性格可分為理智型、情緒型和意志型三種。理智型的人以理智支配自己的行動；情緒型的人，情緒體驗深刻，舉止容易受情緒左右；意志型的人具有較明確的目標，行為主動。按照個體的心理傾向，性格類型可分為外傾型和內傾型。外傾型的人心理活動傾向於外部，活潑開朗，善於交際，感情易於外露，處事不拘小節，獨立性較強，但有時粗心、輕率；內傾型的人心理活動傾向於內部，一般表現為感情含蓄，處事謹慎，自制力強，交往面窄，適應環境比較困難。按照個體獨立性程度，性格類型可分為獨立型和順從型。獨立型的人不易受外來事物的干擾。他們具有堅定的信念，能獨立地判斷事物，發現問題並解決問題，在緊急和困難的情況下不慌張，易於發揮自己的力量，但有時會把自己的意志強加於人，固執己見，不易合群。順從型的人，隨和、謙虛，易與人合作，但獨立性較差，易受暗示，容易接受別人的意見，在緊急情況下易驚慌失措。

3. 二者關係與突出問題

性格與氣質都是構成人格的重要因素，二者相互滲透，相互影響，彼此制約。二者所不同的是，性格是人格中涉及社會評價的內容，更多受到環境的影響，具有較大的可塑性。性格具有社會評價的意義，反映了社會文化的內涵，有好壞之分。而氣質更多地受生理上和心理上的特點制約。雖然在後天的環境影響下也有所改變，但與性格相比，它更具有穩定性，變化比較緩慢。

第一部分 心理與發展

　　主要透過氣質和性格體現的人格，容易表現出與自我意識水平密切關聯的一些缺陷和問題。例如：前面已經討論了的處理事情以自我為中心、目中無人的自我中心；伴有厭惡、痛苦、自卑等體驗，感覺無力應對外界壓力，產生消極情緒的抑鬱；生活狀態閒散；對人對事無動於衷的冷漠，甚至退縮，包括虛榮、焦慮、猜疑、急躁等。人格缺陷不是人格障礙。人格障礙是針對那些有心理疾病的人而言的，而絕大多數人或多或少、或輕或重都會有人格缺陷。青年人、大學生心理發育尚未完全成熟，人格出現一些偏差在所難免。目前難就難在有些人自認為自己人格水平很高，走入社會、面對現實時，才發現矛盾重重，那時再轉變就有點晚。從現在起，讓我們充分瞭解自我，努力學習、探索，找出缺陷，並很好調適，以助未來成長、騰飛。

三、優化自我意識，培養健全人格

　　人的成長與成才過程會受到主客觀諸多因素的影響和制約。良好的自我意識與健全的人格是其中重要的主觀因素。良好的自我意識與健全人格有利於我們樹立正確的人生觀和價值觀，有利於促進包括智力發展在內的各方面全面發展，有利於提高社會適應能力，對青年人成人成才有重要意義。我們務必努力優化自我意識，培養健全人格。

　　（一）以正確理論指導自身發展實踐

　　優化自我意識、培養健全人格必須有理論指導，並務必以正確理論為指導。前述自我意識理論、人格理論，是幫助我們更好認識自己、發展自己的一種理論指引，能給我們以正確方向。要樹立一種意識，即自己的「事」，也需要理論指導。缺乏理論指引，容易「盲人摸象」，甚至導致挫敗。許多理論都十分有益，我們應該學習、瞭解，努力熟練應用。

　　例如，精神分析學派的創始人、著名心理學家弗洛伊德的人格「三我」結構理論。弗洛伊德將人格結構劃分為三個層次：本我、自我、超我。所謂本我，位於人格結構的最底層，是由先天的本能、慾望所組成的能量系統，包括各種生理需要。本我是無意識、非理性的，遵循快樂原則。自我，位於人格結構的中間層，從本我中分化出來的，其作用是調節本我和超我的矛盾，

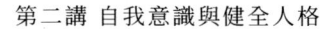

遵循現實原則。超我,位於人格結構的最高層,是完全道德化的自我。它的作用是抑制本我的衝動、對自我進行監控、追求完善的境界,遵循道德原則。三個「我」的爭鬥,構成一個真實、完整的自我。人格「三我」,使人格具體化,能體現「我」的內心世界,也能解釋和指導自我的發展。

還比如,美國心理學家約翰和哈里提出的關於人的自我認知的窗口理論。學界根據兩位創立者的姓名語音,稱其為喬韓窗口理論。他們認為每個人的自我都有四部分:①公開的自我,也就是透明真實的自我。這部分自己很瞭解,別人也很瞭解。②盲目的自我,別人看得很清楚,自己卻不瞭解。③秘密的自我,是自己瞭解但別人不瞭解的部分。④未知的自我,是別人和自己都不瞭解的潛在部分,透過一些契機可以激發出來(如圖2-2所示)。顯然,人對自己的認識是一個不斷探索的過程。每個人的這四個部分的比例、內容是不同的,且隨著人的成長和生活的變化,會發生改變。公開的我的成分越大越健康。可以透過與他人分享秘密的自我,透過他人的反饋減少盲目的自我,努力使自己對自我瞭解更多、更客觀。喬韓窗口理論要求我們在日常生活中廣交朋友,多與人交流,開放自己的內心,從而獲得身心平衡,更加健康、幸福地生活、學習和工作。

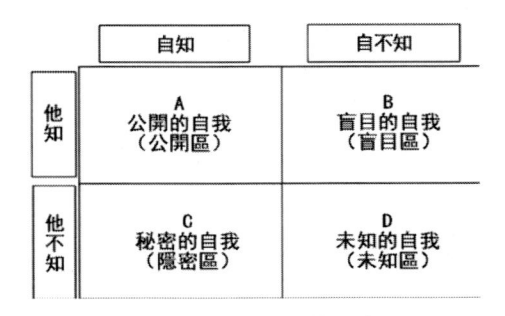

	自知	自不知
他知	A 公開的自我 (公開區)	B 盲目的自我 (盲目區)
他不知	C 秘密的自我 (隱密區)	D 未知的自我 (未知區)

圖 2-1 喬韓窗口理論示意圖

(二)準確認知和悅納自己,有效自我控制

準確認知和積極悅納自己,有效自我控制,是自我意識優化、培養健全人格的重要基礎與途徑。只有正確認識自己,才能科學對待自己的過去,合理確立自我發展方向,實實在在地把握現在,才能在社會情境中找到自己恰

第一部分 心理與發展

當的位置，才能理解他人，尊重他人，和諧相處，被社會所接納，從而更好成長。

1. 全面正確認識自我

一定要多角度評價自我。透過自我評價和聽取他人對自己的評價等途徑正確認識自己。首先可以從我與己的關係，即自我反省中認識自我。曾子說「吾日三省吾身」，就是一種自我監督活動。沒有自我反省，就無從實現自我完善。透過反省、對自己作一分為二的分析，嚴於解剖自我，敢於批評自己，以調整自我評價。讓自己眼中的我、別人眼中的我、自己心中的我活化。不妨自己認真仔細想一想，堅決忠實於自己的內心，用儘量多的形容詞描述自己。在此基礎上，進行第二步「他觀」自我的描述，描述父母眼中的我、同學眼中的我、老師眼中的我、戀人眼中的我、兄弟姐妹眼中的我，再尋找這些描述中共同的品質，將其歸類。描述的維度越多、越全，越能找到比較正確的自我。還可以從我與別人的關係、我與事的關係等途徑認識自我。社會生活中，人與人交往，他人就是反映自我的鏡子。與他人交往，是個人獲得自我認識的重要來源。成功和失敗的經歷都很重要，都是促進自我認識的好途徑。

2. 主動積極悅納自我

古人言：「造命者天、立命者我。」這既是對現實自我的接納，也是一種要努力改變命運、向上發展的一種生生不息的信念，與我們今天所說的悅納自我的含義非常相近。悅納自我是對自己的本身持肯定、認可的態度。這是自我發展的關鍵和起點所在。一個人只有主動、欣然地接受自我，才能有信心去面對真實的我，自尊、自愛，珍惜自己的人格和名譽，注重自我修養，使自己發展到一個較高境界。悅納自我首先要接納自己，喜歡自己，欣賞自己，看到自己身上的閃光點。我們每個人都潛藏著大量待挖掘的能量，都具有存在價值。同時，我們也要看到自己的缺點、不足，接納自己的不完美。人不可能十全十美，每個人都有優缺點。人既不會事事行，也不會事事不行；一事行不能說事事行，一事不行也不說明事事不行。要善於克服自己的缺點，揚長避短，充分地發揮自身潛力。不必苛求自己，天生我才必有用。認真體

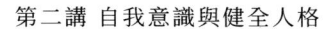

會自我的獨特性，在此基礎上體驗價值感、幸福感、愉悅感與滿足感，保持美好心境。人常說：「人逢喜事精神爽。」這種「好心情效應」能促使我們更好面對現實、正視現實，不懈前進。

3. 堅持有效自我控制

自我控制是人的一種主動、定向改變自己的心理品質、特徵以及行為的心理過程，是自我心理結構中最重要的調節機制，是心理成熟的最高代表。正確認識自我、悅納自我的成果透過有效自我控制體現。認識自我，悅納自我，是為了塑造自我和超越自我。不斷超越自我，應是每個人終生努力的方向。可採用下面措施、途徑來落實自我控制：保持開朗的心境，學會控制和調節自己的情緒，建立積極、健康的情緒狀態；加強意志磨煉，自覺主動地控制自己的行為，培養經受挫折的耐受力，不盲目衝動，不消極、低沉，始終保持樂觀向上的生活態度；注意性格完善，自覺檢查與修正自己的性格特點，養成健康的性格模式；培養良好的思維品質，具備獨立分析問題和解決問題的能力；養成高尚情操，加強思想品德修養，樹立科學的世界觀、人生觀；注重社會實踐，提高自身綜合素質；養成良好的生活習慣，衣食住行合乎規範；積極參加弘揚社會主旋律的公益性活動，展現仁愛之心；有明確的生活、學習、工作目標，並挖掘、充分利用自己潛能，為之奮鬥。

（三）做真正、真實的自己

一個人的真正魅力在於他的人格魅力。有魅力的人格正是我們所追求和嚮往的。塑造新自我，不斷自我超越，享受人生的幸福與成功。超越是一種境界，更是一個過程。焦點，還是做真正、真實的自己。真實的我、真正的自己，是一種豁達、一種向上的力量、一種健康、平和的生命狀態。這種「新我、獨特的我、最好的我、真正的我」的形成，絕對不會一帆風順，需要付出艱辛的努力，甚或沉重代價。掌握自我意識、人格的含義、結構，瞭解自我意識與人格的發展錯誤，學習客觀認識自我的途徑與方法，學會正確評價自我、積極接納自我，學會有效調控、發展與完善自我，是進步、成長、成功的重要基礎。努力做到、做好這一切，意義深遠而重大。

幸福人生 重要的九堂課

第一部分 心理與發展

丘吉爾在劍橋大學演講時曾談到成功秘訣只有三個：第一，絕不放棄；第二，絕不放棄；第三，絕不放棄。前進的主動權、主導權永遠把握在我們自己手裡。在這個世界上，你和我都是唯一的，也只生存一次。我們每個人，都是一「臺」天底下最珍貴的、獨一無二的「發動機」。這臺「發動機」跑多快、跑多遠，向何處去，生命的過程與最後的成效如何，不是老師說了算，不是領導說了算，不是親人、朋友、同學說了算，也不是父母說了算，從根本上講，完全是自己說了算。

每個人的生命都是一首歌、一部史詩、一次無法返程的旅途，容不得半點馬虎。必須認識自我、悅納自我、激勵自我、控制自我、完善自我、超越自我。讓我們共同努力，追求成功與卓越，奔向幸福和美好！

思考與反思

1. 對自己的自我意識現狀進行認真評價，並提出可行性優化措施。
2. 分析自身人格的優點與不足，探討、形成做真正、真實、幸福的自己的方案，並考慮怎樣實施。

第三講 學習、創新與終身發展

人的所有活動，即使忘記了，也在累積素質。在多數時候發揮作用的，正是這種素質。

出自《禮記·大學》之「苟日新、日日新、又日新」，是商湯王刻在洗澡盆上的箴言。意思是說，如果一個人「誠能一日有以滌其舊染之汙而自新，則當因其已新者而日日新之，又日新之，不可略有間斷也。」這句話用以激勵人不斷進取十分貼切。對於決心告別糊裡糊塗混日子狀態的人們，在一日自新的基礎上，日日自新；在告別一個不良習俗的時候，不斷認識、革除其他不良習俗；在養成一個好習慣的基礎上，不斷學習和養成其他好習慣；使自己一生無論在品行，還是業績上不斷前進，最終實現胸中理想。社會發展需要學習，個人成長依靠學習。學習是一個人成長、成功的關鍵要素與核心競爭力。沒有創新、創造的學習，必缺乏可持續的力量。國家和民族的發展、

第三講 學習、創新與終身發展

壯大有賴於創新、創造，個人成長也是如此。讓我們努力學習，積極創新、創造，實現終身良好發展。

一、學習的概念與內容、目標

學習非常重要。沒有學習的人生，甚至拒絕學習的人生，必然平庸，必然不能很好發展，必然和我們所嚮往的幸福、成功人生相去甚遠。我們強調學習的重要性，但到底什麼是學習？學習與我們經常說的學業是什麼關係？我們應該去學習什麼？

（一）學習的概念

普遍認為學習有廣義和狹義之分。廣義的學習是指人類和動物在後天生活過程中，透過活動、練習，獲得行為經驗的過程。它的研究對象為人類和動物。學習的結果，導致一個重要特點，就是不論人，還是動物，都會形成對環境相對持久和適應性的心理變化。狹義的學習是指個體（人）經驗的獲得所引起的行為或行為潛能的相對持久的變化過程。其內涵包括：總是意味著個體身上發生某種變化；這種變化要維持一段相對持久的時間；這種變化不是由成熟、疲勞、創傷、藥物反應、感覺適應所帶來的。我們甚至可以把人類的學習簡述為獲得知識、經驗，包括技能、技巧和能力的過程。學習一定是「獲得」，而非「失去」。

人類學習與動物學習的重大區別在於人類的學習內容廣闊得多。動物掌握個體經驗，人類還掌握社會經驗；動物學習主要是自發的，人類學習是在社會傳遞下，以語言為中介實現的，更抽象、更概括；動物學習僅為適應環境，是被動的，人類學習有目的，是自覺、主動的，以滿足社會生活需要。研究學生的學習有獨特價值。學生的學習是在老師指導下，有目的、有計劃、有組織地掌握知識、發展能力、形成人格而逐步社會化的過程。學生學習的根本特點在於接受，或稱之為建構，也具備主動、創造與辯證特徵，以間接經驗為主，有一定的被動性和強迫性。學習和學業有所不同。學習是個動詞，是指狀態，更多指過程。學業是個名詞，一般指結果，或者說表現，多指學問、學術、學習的課業等。

第一部分 心理與發展

（二）學習內容、目標

通常而言，成人的學習與學生的學習在內容、方向上會有不同。美國著名教育心理學家斯金納（Burrhus Frederic Skinner，1904—1990）曾說過：「如果我們將學過的東西忘得一乾二淨，最後剩下的就是教育的本質。」這句影響很大的話，雖然是談教育本質的，但對我們體會學習的內容、目標，同樣有重要指導價值。從人生發展，包括生活、工作過程和對社會的適應，以及學習的根本實質等方面看，我們能得出感悟：「人的所有活動，即使忘記了，也在累積素質。在多數時候發揮作用的，正是這種素質。」高速發展、變化的當今時代，越來越顯示出人們提高素質、素養的重要性，以及素質、素養本身的重要性。我們還認為，教育或者說學習的終極核心，可概括為兩個字：明、敏。明，即聰明、智慧、深邃；敏，即敏捷、多維、全面。一切教育、一切學習，其內核應無不如此。我們可以從下面四點，進一步解讀學習內容，或者說目標的核心與關鍵。

1. 學會求知

學會求知（Learning to Know）的核心是培養「學會學習」的能力，更多指掌握認識的手段，而不是獲得經過分類的系統化知識的本身。「知」在這裡不只是指「知識」，而且還指廣義上的「認識」。認識的對象不僅包括人類自身及其主觀世界，也包括自然、社會的外部世界。要學會認識（即「知」）的工具，掌握終身不斷學習的方法，包括演繹、歸納、分析等策略。學會收集訊息、處理訊息、選擇訊息、管理訊息，同時能應用知識於有意義的實踐活動。「求知」，只有起點而無終點，在實踐和認識的無限往復中，不斷探索未知、追求真理。而「求知」的手段，從口頭傳授到文字印刷，從廣播電視等聲像技術到「訊息高速公路」，已發生多次革命性變化，並繼續深刻變化。「求知」的手段有利於互聯網創新成果與經濟社會各領域深度融合，推動技術進步、效率提升和組織變革，提升實體經濟創新力和生產力，形成更廣泛的以互聯網為基礎設施和創新要素的經濟社會發展新形態的「互聯網+」「求知」環境，則從家庭、學校擴展到整個社會。新時代已經為訊息的流通、儲存和傳播帶來前所未有的手段。學習與教育的功能當然應該使

人具有適應變革的能力，使人在一生中能夠抓住和利用各種機會，去更新、深化和進一步充實最初獲得的知識。提出「學會求知」這一觀念，是知識觀和教育觀的根本轉變。「求知」，也必然是一個在認識和實踐之間無數次反覆、不斷完成而又重新開始的過程。

2. 學會做事

學會做事（Learning to Do）具體是指學習本領、技能，學習做事的方法，並在認真學習科學文化知識、掌握專業技能基礎上，培養統籌兼顧的能力，包括培養做事的條理性和大局觀念，從小事做起，注重細節，做事有計劃等。學會做事是為獲得一種能力，能夠應付各種情況。這種能力是和個人素質，如交往能力、與他人共事的能力、管理和解決衝突的能力等，以及所具有的知識、實際本領結合在一起形成的。學會做事與學會求知不可分割地聯繫在一起。兩者是「知」與「行」的關係。前者的目的在於認識世界（包括人自身的主觀世界和社會的自然客觀世界），後者則旨在改造世界。與「知」一樣，「行」也是一個有豐富內涵的多義詞。傳統意義上的學會做事，更多地與透過職業技術訓練養成勞動技能聯繫在一起，與透過應用在學校所學知識解決問題、完成任務聯繫在一起。現在意義上的學會做事，則著眼於當今社會對勞動力的要求和終身學習與學習型社會對公民的要求，要從更高層次去把握。還必須從掌握某種職業的實際技能，轉向注重培養適應社會與具體工作變化的綜合能力，提高個人素質，培養勞動技能以外的合作精神、創新精神、冒險精神、交往能力。現今教師的作用已經有很大變化，從原來單一教授轉變為學習的激發者、組織者和引導者。我們應該切實注意這種轉變。

3. 學會共處

學會共處（Learning to Live Together）是要「學會與他人一起生活」，包括培養我們能夠應付與他人、群體，甚至民族之間所出現的「緊張關係的能力」。全球化已經成為當今社會的重要特徵。人與人之間、民族與民族之間、國家與國家之間依存度越來越高，決定我們必須學會共同生活，學會與他人共同工作。合作性是創新的重要特徵。學習需要合作，合作才能創新。

幸福人生 重要的九堂課

第一部分 心理與發展

要瞭解人類本身的多樣性、共同性,以及相互之間的依賴性。學會共處,首先要瞭解自身,發現他人,尊重他人。瞭解自己是認識他人的起點和基礎。為能「設身處地」,必須「由己及人」,同時「己所不欲,勿施於人」。學會共處,就要學會關心,學會分享,學會合作。每個人要學會在各種「磨合」中找到新的認同,確立新的共識。學會共處要求培養尊嚴感、責任心、同情心和愛心。市場經濟條件下的激烈競爭,的確給傳統的群體主義、社會至上的價值觀念造成很大衝擊,更應倡導和發揚先人後己、互相合作的仁愛與集體主義精神。學會共處,一定要學會平等對話、互相交流。要求我們身心、智力、敏感性、審美意識、個人責任感、精神價值等方面全面、協調發展。

4. 學會生存和發展

學會生存與發展(Learning to Be)或學會做人(To be Human)要求充分發展每個人的人格,要求人人都有較強的「自立能力和判斷能力」,並加強在集體、團隊之中的「個人責任感」。學會生存與發展是建立在前三種學習的基礎之上的一種基本要求,是教育和學習的根本目標。當今時代,工作與學習必然合二為一。個人必須主動、經常、不斷學習,並增強個人責任感,才不至於被工作崗位所拋棄。生存與學習,成為每個人生命的兩大主題。應培養自己的前瞻性、判斷力、想像力,能夠根據社會和自身的雙重要求,確立人生坐標。我們發展的目標應是「人的完整實現(the Complete Fulfillment of Man)」,即人作為個體、家庭成員、社區成員、國家公民、生產者、發明者、創造性的夢想者等,具有豐富內涵的個性的完整實現。在我們的個性中,應多點創造性,多點活力。學會生存與發展、學會做人在超越了單純的道德、倫理意義上的「做人」,包括適合個人和社會需要的情感、精神、交際、合作、審美、體能、想像力、親和力、創造力、獨立判斷、批評精神等方面相對全面而充分地發展。

1996 年,聯合國教科文組織 21 世紀委員會發佈《學習———內在的財富》報告,提出了上述學習的「四大支柱」問題,全面闡述了國際社會對人類未來和學習問題的理解,成為國際社會的一份學習宣言。「四大支柱」互相聯繫,互相滲透,是不可分割的一個整體。後來,聯合國教科文組織又提

第三講 學習、創新與終身發展

出大學生學習的「四個學會」：學會做人（Learn to Be）、學會做事（Learn to Do）、學會與人相處（Learn to Be With Others）、學會學習（Learn How to Learn）。中國教育工作除了有明確的教育方針外，大多學生教育文件，包括大學生教育文件，都要求提高學生心理、思想道德品質與科學文化知識修養。教育方針以及相關文件精神，對我們都有十分重要的指導作用。高職學生，則必須特別注意強化互為基礎、相輔相成、相得益彰的「素質」與「技能」培養，推動兩方面協調、健康發展。

不同地區的教育工作者為學生更好學習和成長，做出了不懈努力。臺灣大學前校長李嗣涔曾用「拯救世界不如幫媽洗碗」勉勵新生從根本做起。根據媒體報導，2008 年臺灣大學舉辦新生入學典禮，時任校長李嗣涔在致詞時要學生「腳踏車不要亂停，做好模範」，2009 年又以「不要熬夜上網，早上 8 點要準時來上課」告誡大一新人。當時臺灣媒體配了張大幅照片並透過文字說，叮嚀之語言猶在耳，臺下不少學生則早已昏昏欲睡，甚至好多人睡得東倒西歪。李嗣涔校長在那個時候就已注意我們至今還苦苦面對，卻難以解決的一些問題。雖然時間已過去多年，現在看李嗣涔校長當年的講話仍然富有價值。面對學校快速發展，結合學生現狀，廣東省惠州經濟職業技術學院陳優生院長在 2014 級新生開學典禮大會講話時，強調「每天進步一點點，就是卓越的開始。」這從另一個側面說明了青年人、大學生學習、成長的內容及焦點。兩位校（院）長同為資深教育專家。同是開學典禮講演，他們的話應該對我們有深刻啟發，足以使我們體會「仰望星空」與「腳踏實地」的關係和重要性。

延伸閱讀

臺大校長勉勵新生從根本做起：拯救世界不如幫媽洗碗

中新網 2009 年 9 月 14 日電「人人都想拯救世界，但是沒有人幫媽媽洗碗！」臺灣大學校長李嗣涔 13 日引用雜誌中的一句話，提醒大學新鮮人別好高騖遠，從根本做起，呼籲大學新生建立人我關係應從關懷家人開始，進而關懷他人、社會、環境與生態。

幸福人生 重要的九堂課

第一部分 心理與發展

綜合臺灣媒體報導，臺大13日舉行開學典禮，今年學士班及碩博士班新生超過9000人。李嗣涔籲勉新生，把握大學時期的黃金歲月，關鍵在於「從根本做起」。

李嗣涔感嘆說，近來所有老師都注意到大學校園內一種不良風氣———同學晚上熬夜上網，早上第一節起不來就逃學。「一日之計在於晨。」他說，開學了，同學們要早睡早起，每天在清晨汲取知識。

身處知識爆炸的時代，許多人都有「我要往何處去？」「我要什麼？」的焦慮。李嗣涔認為，這種焦慮來自過度的「自我中心」。過度強調自我，結果就是常常不知不覺與他人比較，甚至陷入誇大的競爭關係，「像臺大這種菁英聚集的地方，更容易出現這種現象」。

李嗣涔勉勵學生，要破除這種焦慮與盲點的關鍵，是建立適當的「人我關係」。他強調，人我關係的起點不在學校而在家庭，從關懷家庭出發，進而延伸到關懷他人、社會與環境。可惜現實生活中，「人人都想拯救世界，但沒有人幫媽媽洗碗」。這提醒臺大人深思。

李嗣涔認為，大學生要找到自己的節奏，不要好高騖遠、自怨自艾；要謙虛地反省自己的不足，學習他人長處。

李嗣涔要求身體力行「四要」與「四不要」。「四要」是要建立寬廣的基礎學問，以適應快速變化世界；要有創新能力：不必求第一，但要做唯一；要關心人類社會面對的危機；要有國際觀，多瞭解新興各國的文化與政經現況。

「四不要」則是：考試不作弊、作業不抄襲、上課不隨意逃課、腳踏車不亂停。李嗣涔指出，在知識爆炸時代，人常陷於「我是什麼？」的焦慮中。這種焦慮主要來自「過度的自我中心」，臺大人更容易有這種焦慮。

但李嗣涔恐怕會感到事與願違。他在臺上滔滔不絕，臺下不少學生卻睡得東倒西歪。學生事後搖搖頭坦言，對校長的致詞沒什麼印象。

臺大法律系新生羅中聖認為，教育體制扭曲、補習風氣盛行，早已養成臺灣學生晚睡的習慣。但他同意，大學生應把時間與精力花在有意義的事情上，而不是熬夜掛在網絡或 MSN 上。

李嗣涔的這番談話也在網絡上掀起討論。有網友諷刺，早睡早起是「早上睡覺、早上起床」？「上一堆廢課不如在家睡覺。」也有人認為，「只要能掌握自己的生活節奏與做事效率，不一定要早起。」

臺大新生謝同學認為，年輕人多持理想主義，有遠大的抱負與夢想，反而忽略生活與學習根本，有必要自我警惕。

（摘自 2009 年 9 月 14 日中國新聞網）

每天進步一點點，就是卓越的開始

陳優生

同學們，你們在學院改革發展的關鍵時期，來到學校開始了三年的大學生活。大學學習與高中階段不同。大學更注重學習方法的培養和批判性思維、自主創新能力的訓練。大學更注重培養和提高同學們分析問題和解決問題的能力。考試成績將不再是唯一的學習衡量標準，課堂教學也不再是唯一的學習途徑。更多的學習收穫會來自課堂以外，來自圖書館，來自實訓基地，來自社會與校園的實踐訓練，來自個人提出問題、分析問題、解決問題的能力形成過程之中。如何與時代同發展、共進步，如何實現自我超越，很值得同學們去深思。

同學們，人的一生是一出悲悲喜喜的戲，一首飄飄忽忽的歌，一場明明滅滅的煙花，聽起來，玄虛；悟起來，深遠；做起來，複雜。既不能太缺，也不能太滿，把握好一個度，讓和氣浮於面，銳氣藏於胸，攜一懷淡定，走一路人生，盡心盡力唱出自己的真情！

和幼時的理想相比，我們在高考中受挫一次，但對生活的理解加深一層；失誤一次，對人生的醒悟增添一階；不幸一次，對世間的認識成熟一級；磨難一次，對成功的內涵透徹一遍。從這個意義來說，想獲得成功和幸福，想要快樂和歡欣，首先得把失敗、不幸、挫折和痛苦讀懂。

第一部分 心理與發展

正當同學就要進入專業學習的重要時刻，作為校長，也作為一位長輩，也給大家談點體會，也算是一點期望吧！同學們可以去體會，人有三樣東西是誰也搶不走的，一是吃進胃的食物，二是心中的夢想，三是裝進腦海裡的書，讀書、學習對大家有百利而無一害。

當然，大學是有門檻的，有知識的要求，也有素質的要求。同時，老師的要求也是很嚴格的。但首先，我們必須有信心，門檻，過了就是門，沒過就是檻。你選擇了惠州經濟職業技術學院，第一是選擇，第二是堅持，第三是堅持，第四還是堅持。

讀書是件苦差事，但不讀書會吃苦，甚至會吃一輩子的苦。大家有沒有這樣的經歷，有時候會說某某某運氣好，但依我看，運氣是機會碰巧撞到了你的努力，所以說，如果你不讀書，走萬里路也僅僅是個郵差！同學們，人的一生就像一張單程的車票，失去了就永遠不會再擁有！

在座同學的心情可能很複雜，其中有一點共同處，就是因為種種原因進到三B線學校中來。有些同學可能認為這種結局是一場悲劇。從一週軍訓和專業教育的情況看來，大家能從悲劇中走出來，這就是喜劇。命運給予你哭的境遇，也一定會給你笑的權力。

我教了幾十年的書，教過的學生千千萬萬，有成功的，也有不成功的。我發現成功的同學和不成功的同學實際上就差一點點，成功的同學在學習、工作的過程中，可以無數次修改方法，但絕不輕易放棄目標；而不成功的同學總是修改目標，就是不改變辦法。

我們常說「書山有路勤為徑」。只有你爬上山頂，這座山才會支撐你；只有你境界高了，這個境界才會提升你；只有你關心別人，別人才會關心你；只有你熱愛這個環境、這個學校，這個環境、這個學校才會愛護你；只有你學有所成、成功了，朋友們才會離你更近！

同學們，每天謙虛一點點，就是被接納的開始；同學們，只要行動起來，就是成功的開始；每天創新一點點，就是領先的開始；每天進步一點點，就是卓越的開始。只要我們朝著自己的理想，竭盡所能，不斷追求，善於學習，

勇於實踐，就一定能到達成功的彼岸！希望三年後，大家都滿載豐厚的知識、過硬的能力踏上征途，奔向理想的工作崗位，去實現自己的人生理想。

衷心祝願大家學習進步、身心健康、夢想成真！

（本文摘自惠州經濟職業技術學院陳優生校長在 2014 級新生開學典禮上講話的第三部分；題目為編者所加；原文見學院網站 2014 年 9 月 23 日新聞資訊）

二、學習的基本階段與方法、策略

人類對學習的認識至今還在繼續深化。學習行為、實踐本身也是一個過程。關於這個過程可以分為哪些階段，每個階段是怎麼樣的，應該如何實施，怎麼樣才最有效等重要問題，古今中外人士從不同觀點和角度已有深入的分析、研究。追求學習高效，是我們學習行為的目標。為推動我們進一步認識學習、搞好學習，為人生發展奠基，我們有必要進一步明確學習實踐的基本階段，以及相應的學習方法、策略。

（一）中國古代學說

被後世尊為「聖賢」「大成至聖先師」「萬世師表」的中國古代偉大思想家、教育家孔子，在他那個時代對學習就有了深刻的認識。《論語》中記載孔子的言論：「吾十有五而志於學。」「學而不思則罔，思而不學則殆。」「學而時習之，不亦說乎？」「弗學，何以行？」。這裡已經能看出孔子所述學習過程的志、學、思、習、行五階段。孔子的學習過程階段說在《中庸》一書中得到繼承和發揚。《中庸》引用孔子的話———「博學之，審問之，慎思之，明辨之，篤行之。」這裡的五階段與前述孔子提到的五階段思想完全一致，只是把「思」又細分為「審問」「慎思」「明辨」三個階段。二者結合，可看出孔子將學習過程劃分為七個階段，即立志、博學、審問、慎思、明辨、時習、篤行。用現代的話來說，立志就是激發學習動機，博學就是多見多聞，審問就是多問多疑（不是懷疑一切），慎思就是學思結合，明辨就是形成明確的概念，時習就是及時複習，篤行就是學以致用。

幸福人生 重要的九堂課

第一部分 心理與發展

以孔子為代表，中國歷代思想家、教育家，如漢朝王充，宋朝朱熹、張載，明清之際的王夫之等，又把學習總結為學、思、習、行四個緊密聯繫、相互促進的過程、階段。古聖先賢對學習階段的論述，雖沒脫離當時的時空環境，但內容很有道理，至今仍有重要價值。這些學說、觀點，可謂既講學習階段，又論學習的策略與方法。我們應該科學繼承，積極踐行。中國現代教育心理學家在古代學說基礎上，認為學習可以劃分為動機、感知、理解、鞏固和應用五個階段，其實質與前人的學習階段說基本吻合。

（二）赫爾巴特學派的五步驟

進入19世紀，德國哲學家、教育家和心理學家赫爾巴特（Johann FriedrichHerbart，1776—1841）把學習劃分為連續進行的四個步驟，即明辨、聯想、系統和方法。這實際就是學習的四個階段。這幾個步驟後來被美國赫爾巴特學派發展為五個步驟：「明辨」改為「準備」（把有關的觀念引進思想）、「提示」（透過種種演示方法介紹事實）；「聯想」變成「比較和抽象」；「系統」改為「概括」；「方法」改為「應用」。這些步驟要求：學生在教師指導下，首先把有關的觀念引入思考中，即進行準備（preparation）。其實質是把與將要學習的新內容相關的舊有經驗調動起來。第二是提示（presentation），即透過種種演示方法介紹與新內容相關的事實。第三是比較和抽象（comparison and abstraction）。透過教師啟迪，學生完成最初兩個步驟。同時，新事實和原已知事實，即新舊經驗在學生頭腦中結合，並且學生對二者進行認真比較。學生將會看到這兩種事實相互聯繫的共同要素的部分，便是抽象。第四是概括（generalization）。在這個步驟裡，學生嘗試把新舊兩種事實的共同要素進行概括，得出相應原理或核心。第五是應用（application）。學生掌握新習得的原理，用來解釋有關事實、解決有關問題。應用一般透過作業進行。提出學習過程（或稱教學過程）的五個步驟，可為教育心理學的發展貢獻出重要的力量，其中特別強調的經驗背景在學習過程中的作用，在當時意義重大。

（三）八環節學習法

對於學生的學習，要特別注意抓好制訂計劃、課前自學、專心上課、及時複習、獨立作業、解決疑難、系統小結、課外學習八環節，被稱為八環節學習法。此方法、策略是中國湖北省武漢市學者黎世法老師，在20世紀80年代，從全國200名各科學習成績平均90分以上的優秀中學生、原華中工學院（現華中科技大學）的40名少年大學生，及以高分考入武漢大學的60名大學生的學習經驗總結出來的。通常而言，一個學生只要能夠認真按照這八個環節學習，步步落實到位，那麼這個學生必將成為學習的主人，並成為班上的優秀學生。八環節學習法經不斷研究、充實，在中國被廣泛傳播和採用。

制訂計劃體現了「凡事預則立，不預則廢」，在於有正確的學習目的與動機，在於合理安排時間、恰當分配精力。課前自學的核心是反覆閱讀新教材，運用已知的知識和經驗，以及有關的參考資料，包括工具書，進行積極、獨立思考。課前自學中若發現與新課相關的舊知識掌握不牢時，一定要回過頭去把有關的舊知識弄懂。專心上課是在課前自學基礎上的「學然後知不足」，五官並用，做必要的記錄，集中注意力，認真觀察，積極思維，力爭把學習內容在課堂上消化掉。及時複習強調反覆閱讀教材，反覆獨立思考，多方查閱參考資料，請教老師與同學，抓住核心、關鍵、重點、難點，保證學習效果。獨立作業、解決疑難、系統小結、課外學習等環節要求：自主思考，獨立操作，克服做作業時的盲目性；糾正運用知識解決實際問題、解答習題過程中所暴露出來的對知識的錯誤理解，分析出現問題的原因；用科學的思維方法將所學知識系統化、概括化，形成新知識體系，注意培養豐富的想像力和創造性思維能力；勞逸結合，閱讀課外資料，參觀訪問，社會調查，參加科技活動和各類競賽等，激發求知慾望和學習積極性。

（四）高效學習方法與學習的超越

方法是通向成功的橋樑與技巧。方法是學問、是藝術。學習方法亦如此。學習方法因人而異，因時代不同、環境不同、學習內容等不同而不同。每個人都會有許多學習方法。這些方法構成了自己的方法體系。經常聽聞，「適合自己的方法就是最好的方法。」我們既贊同，也不贊同這樣的觀點。適合

第一部分 心理與發展

自己的方法固然有可能是最好的方法，但不一定是最高效、最佳的方法。所謂「最好的方法」，很容易讓人固步自封，而沒有去著力找尋、發現和學習真正適合自己的最好的方法。「工欲善其事，必先利其器。」優化學習方法及其體系，認真實施，必定大大提高學習效率，使學習真正快速有效。學習方法多種多樣。它的焦點，無外乎主動、科學基礎上的理解、歸納、聯繫、記憶、創造與應用等幾個要素。落實好這幾大要素，學習、成長就進步快。這幾大要素很值得我們共同推敲、探討、實踐。

我們根據多年指導學生學習、成長的實踐經驗，在吸收各種學習理論的基本觀點後，發現對學生來說，超額記憶法、回憶法和快速閱讀法這三種方法，是最值得推廣和全面採用的學習方法。超額記憶法是指記憶一種材料的學習次數或時間，超過剛好能回憶起材料的次數、時間。學習任務越重，記憶越困難。在確定學習、記憶的時間、次數時提倡適當的過度，即超額。心理學研究證明，如果將剛能複述學習材料的時間或次數作為100％，那麼最好的超額量是50％，其學習總時間或次數為150％，可保證長時記憶。還有研究報告說，一般短時記憶一個單詞或者詞組或者公式等，大約需要7次，那麼若要長時記憶，則需要記憶10~11次。時間過短或過長、次數過少或過多，都達不到較高的記憶效率。回憶法，則突出知識、內容及相關要求的回憶，回憶不出來才查閱教材、筆記等資料。自習課、早上、晚上等空閒時都是運用回憶法學習的好時間。思考、回憶必然要聯繫、歸納，必然是一個主動探索的過程。回憶法不光省時，其理解、記憶效果也很好。快速閱讀法是針對精力集中困難、時間不足而提出的一種高效學習方法，其實質就是「一目十行」，甚至「一目一頁」，遇到不明白處才查閱、深究。三種方法配合使用，收效肯定會十分顯著。

任何關於人的超越，本質上都是一種自我超越，學習更是這樣。如何實現快速、大幅超越？我們的研究表明，最佳途徑是抓課前自學，即抓預習。課前自學、預習就像戰前偵察，哪是明碉，哪是暗堡，哪是最堅固的地方，哪是薄弱環節，聯繫了哪些舊知識，都可以有個初步的瞭解。知道自己有哪些問題弄不懂，並做上記號。帶著問題聽課，針對性就更強，並且還可以把自己對教材的理解與老師的講解相比較，加深理解和記憶，糾正自己的某些

片面認知。更重要的是可以培養自己以自學能力為主的綜合能力，同時讓自己學得更有興趣。堅持一段時間，會發現預習還是一種大幅減輕學習壓力與負擔的重要舉措。我們曾經指導多名同學透過預習超越，屢試不爽。實踐之，必有斬獲。預習，是學習超越的法寶。

三、創新、創造與終身發展

我們無法改變已經走入歷史的過去，但可以創造未來。未來從現在出發，是立足當下的發展。抱怨別人，抱怨自己，都沒用，唯有馬上出發。我們經常談人的現代化。人的現代化的實質和核心，是從過去舊有的知識體系、價值觀念、思考方式、行為方式，向工業社會、訊息社會、學習型社會所需的知識體系、價值觀念、思考方式和行為方式等轉換，並不斷前行。這一切，離不開創新、創造與終身發展。

（一）創新與創新學習

《現代漢語詞典》把創新闡述為「拋開舊的，創造新的」。1998年12月在中國翻譯出版的，由當時轟動一時的美國學者珍妮特·沃斯（Jeannette Vos）博士等人撰寫的，以「通向21世紀的個人護照」為副標題的《學習的革命》一書強調創新：「你必須開闢新的道路、尋找新的突破點、發現新的聯繫，你必須打破原有模式……創新不是發明創造，是舊的成分，新的組合。」在20世紀初期，就曾有西方學者認為經濟學上的創新概念，是指把一種從來沒有過的關於生產要素的「新組合」引入生產體系。該創新概念特別強調「新組合」，如產品創新、過程創新等創新，其實都是一個重新組合。改革開放以來，中國學界對創新的研究和論述增多，普遍認為：①一個創新的誕生，是因為有一個創新的思想和推動這一思想向前發展的環境。兩者必須兼而有之。②激勵創新並不需要很多的資源，但時間和訊息這兩個最重要的資源必不可少。創新必須有足夠的時間去思考，必須有足夠的訊息資料供使用。③創新思想有一個從模糊走向明確的過程，需要探索前進；④創新思想常常是對傳統的偏離，創新會遇到阻力。⑤創新需要從失敗中學習，失敗是成功之母。⑥學校要為創新思想的出現創造一個良好的條件。創新需要「催化劑」。

第一部分 心理與發展

分析上面觀點，很容易得出創新的實質與核心：創新，即根據舊的知識，進行新的組合，得出新的結果的過程。「新」可以是與別人不一樣的，也可以是自己新的提高；「新的結果」可以是一種新的觀念、新的思想、新的構想、新的思維方法等。創新，就是想出新方法，建立新理論，做出新東西。不同領域或者不同水平的學習，有不同角度、不同水平的創新。做一道習題，能一題多解、一題多變，或能獨立求解、探索新法，也是創新；製作一件小工藝品，搞出一個小發明，也是創新；至於生產新產品、發明新技術，提出新理論，那是高水平創新。創新絕不是憑空臆造。它必建立在知識傳播、轉化和應用的基礎上。創新不難，難在理念與行為。無論是知識創新，還是技術創新，都離不開知識的支撐，需要學習者不斷地學習，獲取更多知識。在學習中創新，在創新中學習。

務必注意創新學習。創新學習是指學習者在學習人類已有知識的過程中，不拘泥於書本，不迷信於權威，不依循於常規，以知識為基礎，結合當前實踐，獨立思考，大膽探索，積極提出自己的新思想、新觀點、新思路、新設計、新意圖、新途徑、新方法的學習活動。立足已有知識求「新」，是創新學習的焦點。「新」，不僅指新發現，也指新發展。不可能每個人都能揭示新的原理，發現新的方法。只要把人們已揭示的原理和發現的方法應用於不同問題上，就是一種創新學習。並非要求人人像科學家、發明家、藝術家那樣創新。創新學習能力在多種知識和能力發展的基礎上形成，是各種能力的綜合反應。大學生的創新學習，旨在培養創新學習精神、創新學習意識、創新學習思維、創新學習技巧和方法。創新學習要求學習者在學習過程中，在創新意識的激勵下，在對前人創造的文化知識進行認真學習，深入鑽研，透過分析、綜合、抽象、概括等思維加工，在透過表面現象認識其本質和內在聯繫的基礎上，敢於破除迷信，勇於進行探索，勇於提出問題。質疑是創新學習的起點。創新學習的過程，就是不斷質疑而後釋疑、不斷探索、不斷前進的過程。主動、科學、傳承、創新，永遠是我們前進的重要方向與途徑。

（二）創造與創造技法

第三講 學習、創新與終身發展

創造與創新沒有絕對意義上的區別，但通常認為創造高於創新，創造是更高水平的創新。創造，是指將兩個或兩個以上概念或事物按一定方式聯繫起來，主觀製造客觀上能被人普遍接受的事物，以達到某種目的的行為，或想出新的方法，創建新的理論，創出新的成績和東西。簡而言之，創造就是使以前沒有的事物出現。創造包括發明或發現前所未有的事物、製造或建造，以及撰寫文章或創作文藝作品等，通常泛指致使事物存在的行為。創造明顯是一種典型的人類自主行為。它的一個最大特點是有意識地對世界進行探索性改變，是在創新基礎上製造新事物。宗教所說的創造，則是指起初天主使宇宙存在的行為等。

創造的核心是創造力，創造力的關鍵在於創造性思維。創造力是產生新思想、發現和創造新事物的能力，是一系列連續、複雜、高水平的心理活動，是人類特有的一種綜合性本領。是否具有創造力，是一流人才和三流人才的分水嶺。創造力以包括吸收知識能力、記憶知識能力和理解知識能力在內的知識水平為基礎，以以創造性思維能力為核心的智力和多種能力綜合而成的智慧為中心，也涉及包括意志、情操等方面內容的創造性個性品質，由知識、智力、能力及優良的個性品質等複雜的多因素綜合優化構成。有人也把創造力理解為成功完成某種創造性活動所必需的心理品質。創造新概念、新理論，更新技術，發明新設備，發現新方法，創作新作品等，都是創造力的表現。創造性思維是以感知、記憶、思考、聯想、理解等能力為基礎，具有綜合性、探索性和求新特徵的高級心理活動。一項創造性思維成果往往要經過長期的探索、刻苦的鑽研，甚至多次的挫折方能取得。創造性思維能力要經過長期的知識積累、素質磨礪才能具備。創造性思維具有開創意義，可開拓人類認識新領域，開創人類認識新成果。創造性思維可以不斷增加人類知識的總量；創造性思維可以不斷提高人類的認識能力；創造性思維可以為實踐活動開闢新的局面；創造性思維的點滴成功，可以激勵人們進一步進行創造性思維。中國世界著名數學家、中國科學院院士、美國國家科學院等國外學術機構院士華羅庚教授（1910—1985）曾說：「人之可貴在於能創造性地思維。」創造性思維具有靈活性、深刻性、批判性、邏輯性、獨特性、綜合性等特點。我們應立足現狀，努力訓練和養成。

幸福人生 重要的九堂課

第一部分心理與發展

　　創造要有方法指引，也需要借鑑成熟、成功的方法。創造方法有重要的實用價值。比如，可學會、習慣運用「5W1HI」全面思考問題：What————想要做什麼？Why————為什麼要這樣做？Who————由誰來做？Where————在哪裡做？When————什麼時間做？How————怎樣去做？If————有哪些可能性？再比如「奧斯本檢核表法」。被譽為美國創造學和創造工程之父的亞歷克斯·奧斯本（Alex Fa-ickney Osborn，1888—1966），在1941年出版的世界上第一部創新學專著《創造性想像》，銷量達4億冊，一度超過《聖經》銷量。「奧斯本檢核表法」透過此書得以推廣。該法要求在創造過程中圍繞9方面問題進行思考，以便啟迪思路，開拓思維想像的空間，推動產生新設想、新方案。9大問題分別為：有無其他用途、能否借用、能否改變、能否擴大、能否縮小、能否代用、能否重新調整、能否顛倒、能否組合。還比如，被人們廣泛使用的「希望點列舉法」————一種不斷提出「希望」「怎麼樣才會更好」等理想和願望，發明者根據人們提出來的種種希望，透過類推、歸納，找尋焦點，沿著所提出的希望達到目的，進行創造發明的方法。其實施主要有三個步驟：激發和收集人們的希望；仔細研究人們的希望，以形成「希望點」；以「希望點」為依據，創造新產品以滿足人們的希望。方法給人以啟發。方法要靈活應用，方法本身也需創新、創造。

　　近年隨著中國經濟、技術等各方面快速發展，「中國製造」已經向「中國創造」邁進，並終將被「中國智造」代替。「中國創造」與只是簡單的生產和加工，僅提供簡單勞動力的「中國製造」不同。「中國創造」是指專利、版權持有者在中國，事物由中國創新、發明，所提供的不再是簡單的體力勞動，而是知識、智慧和腦力，以創造為特徵。「中國創造」作為一個嶄新的詞彙，已經逐漸代替「中國製造」，而被世人廣泛認知，在世界上造成越來越重要的作用。我們更期盼下一個目標，即更高水平的「中國智造」時代的到來。青年人，特別是當代大學生，應該有志氣、有信心、有能力做得更好。

　　（三）終身發展

終身發展當然是指一生不斷發展，即發展貫穿一生。終身良好發展，既是人生信念，也應是行動方向和具體策略。提高前述「四個學會」的能力，必然是終身發展的宗旨。追求與保持生理健康和心理健康，追求快樂、幸福、順利與成功，是終身發展、良好發展的核心目標。在人的一生，不同階段的發展特點不同。終身學習是終身發展的重要基礎。終身學習不僅僅是拿個文憑、讀幾本書，重要的是如何提高綜合素質，如何挖掘與培養創新、創造能力，如何讓自己幸福、快樂。終身學習、終身發展絕對不是一個封閉的體系，而是一個開放、不斷吸收與借鑑，同時進一步提高的過程。青年人，一定要認識到自己這臺「發動機」的獨特性與重要價值，要訓練自己敢說、能說、會說的「三說」能力，積極實踐並實現嘴會說、手會寫、會動腦、會交往、腿腳勤的「四會一勤」。終身學習、終身發展與經濟、社會的發展密切聯繫，終身學習與發展的理念越來越得到認同和接受。每個人都應為構建學習型社會努力，為自己終身發展盡力。

終身發展需要五大力量。這五大力量，也是追求成功、幸福的人生要素所在。第一，夢想的力量。一個人一生的成就和自己的夢想有關。有夢，堅持夢想是一種習慣、一種追求、一種生活方式。也許別人不理解，你可以不解釋，用事實去證明。學會給自己造夢，學會給自己建造符合現實的夢想。第二，定位的力量。認清自己在哪裡，要去哪裡。目前是什麼不重要，未來是什麼才重要。如果定位是領導者，就要承擔一切；定位是跟隨者，就要積極配合，不抱怨、不消極。狀態好壞也許自己不清楚，但別人能看出。加滿油，看著路標，向目標前行。第三，信念的力量。永遠相信自己，別人行我也行。潛力是無限的，你的信念不倒，沒人能將你推倒。相信你自己，隨之而來的都是正能量。第四，改變的力量。我們需要素質，但真正成功還需要特質、夢想、心態和信仰，而且面對挫折時還要有一顆平和、鎮定的心！想一想，即使已經爬過幾座山，面對另一座山，還得從山底出發。第五，專注的力量。現實中機會很多，適合自己的可能只有一個。生活、學習、事業、婚戀、家庭要經營好，專注、忠誠、包容、付出、責任尤為重要。「中國夢」給我們以巨大鼓舞，「一門深入、長時薰修」，必有收穫。

第一部分 心理與發展

　　我們會經歷成功與失敗。不知道自己為何成功即失敗，知道自己為何失敗便是成功，不知道失敗原因的失敗是最悲慘的失敗。產生想法僅是有了概念，有了做法並實踐，才能超越。命運的主宰力量就是我們所從事的思考。每個信念都是一種選擇。過去不等於未來，任何事情的發生都將有助於我們成長。自己變得更好，才能使事情變得更好。與好朋友保持交往。不管有什麼過失，原諒自己。保持天性，學會在適當時候說「不」。床頭放本好書並認真閱讀，真心熱愛生活。只有樂觀的態度與心情，才能享受生活。每個人至少在生活的某個領域具有出類拔萃的能力，取得成就的真正限制都是自己加上去的。一定注意智慧發展、情商發展，以及近年提出、受到熱議和快速傳播的所謂「靈商」等素養提升。樹立平和心態，保持內心世界和諧，為快樂、幸福、成功奠基。

　　讓我們做個生活、學習和工作有方法，終身發展也有方法的人。造就終身發展之生命主體，打造獨特、快樂、幸福、成功的自己。

思考與反思

1. 對自己目前的學習方法體系進行認真分析、評價，並提出改進方略。
2. 終身發展的宗旨與核心目標是什麼？如何實現自己的終身發展？

第二部分 愛、婚戀與家庭

▌第四講 愛、戀愛與成長

　　成長不容易，成為自己更難。堅持長成自己，擁有愛的能量，不是追求完美，而是活得完整！

　　人類社會成長進步到任何時期都需要激勵人類進步的動力：愛的和逆反的。「大至對國家、社會、民族的大我之愛，小至對父母、師長、朋友、自己的小我之愛」伴隨著我們長大成人。我們的個性成熟了、自我形成了，我們在承擔著社會責任的同時也在為社會的整體教化盡力地工作著。我們每個人的成長都是經歷了波折、失誤乃至痛苦而有今日的。從小到對利的愛，大到對人的愛，我們幾乎無不經受了真愛的考驗。逐步地由人際關係面向情愛關係的我們，每每又是在利與害的各種衝突中還原我們本來的面貌。我們也會在回首昨天時不禁感慨：生活不易，且過且珍惜！

一、愛在自我

　　愛是人類永恆的主題。我們一直在被灌輸「愛」的思想，被教育要懂得去愛別人和無私奉獻。人們渴望愛、追求愛、奉獻愛，但在追求愛的征途上很多人卻步履艱辛，困難重重。那麼，怎麼樣才能懂得愛、獲得愛呢？在此，赫然提出「愛自己」。

　　近年來，校園極端危機事件頻有發生，校園中的「自殺事件」已不再是「新聞」。某名校女生的自殺事件在當年舉國轟動，因為她當時在留下了一份「遺言」，羅列了自己選擇輕生的種種理由：

　　「我列出一張單子，左邊寫著活下去的理由，右邊寫著離開世界的理由，我在右邊寫了很多很多，卻發現左邊基本上沒有什麼可以寫的。回想20多年的生活，真正快樂的時刻屈指可數，記不清上一次發自心底的微笑是什麼時候，上一次從內心深處感到歸宿感是什麼時候……是的，比起任何一個還要忍受饑餓、乾渴、瘟疫的同齡人，我真的覺得自己很幸福，但這是相對的。

第二部分 愛、婚戀與家庭

二十年的回憶中真正感到幸福的時刻屈指可數……盼望離開欺負與譏諷自己的人，盼望離開被徹底孤立的環境。人生每一個階段的最後，充滿了難以再繼續下去的悲哀，不得不靠環境的徹底改變來終結……如果人死可以許一個願望，讓所有人更快樂吧，人應該有死亡的權利……」

從字裡行間可以看出該女生有著一顆被架空的心靈：沒有幸福感，孤立無助，沒有安全感，對人對己只剩下冷漠，找不到活著的理由，最後以死的方式逃離自己始終無法適應也根本不想去適應的環境！這可能也是許多青年學子在本該驕傲盛放的季節，卻選擇與死亡私奔的原因吧！

上述事件發生之後，專家和新聞媒體在分析原因和追究學校、老師、家長、社會等各方面的責任的同時，卻忽略了學校、老師、家長和社會都不能對個體的生命全權負責。除了個體自己，任何理由都不能成為一個人輕生的藉口。真正分析其走上不歸路的原因主要是對自己的愛不夠。從前對於「愛」，人們只是記下了一堆責任、義務與標準，並沒有領會「愛」的真諦。要認識愛、學會愛，首先要做到愛自己。不知道自愛的人，是不會有人愛的，對別人更顯示出「愛無能」。只有自己愛自己之後，才能接納自己和別人，才能有能力去愛別人。那什麼是愛自己，為什麼要愛自己，怎樣才能更好地愛自己呢？

（一）退出自愛的認知錯誤

提到自愛，人們都會說：「自愛是人與生俱來的天性，沒有不愛自己的人！」那回答這個問題的人們都是如何愛自己的呢？給自己買漂亮衣服、名車名錶，品嚐美食，還是來一次說走就走的旅行……這些行為都是愛自己的表象，未探及「自愛」的本質和真意。因此，提及自我很多人明顯地表示出底氣根本不足，不能真正地堅持自己、尊重自己、愛惜自己。什麼才是真正的自愛？我們可以先明確指出什麼不是自愛：

1. 自愛不是自私

從利他性這個角度來看，自私是破壞人類的利他性，即損人利己。自愛是給予自己相對多一些。自愛的人懂得在照顧好自己的前提下付出。自私的

人是無止境的剝奪，自愛的人則是無止境的創造。自私的人的愛的目標是指向自己的。他愛自己的方式就是靠損害周圍的利益來滿足自己愛的需求。他們內心缺乏安全感和對他人的信任感。很顯然他的「愛」愛自己都不夠，更別說愛他人的意願和愛他人的能力了。愛自己的人，是自己創造愛來填滿自己的儲愛槽，自己有愛了才能更好地愛他人。

2. 自愛不是自大

缺乏自愛的人，常常兼具兩種相對立的性格特徵———自卑與自負。某大學生參加了一次就業博覽會，回來後發臉書抒發自己一天的心得：起先抱著一疊簡歷、證書昂首闊步走進人才市場，覺得自己大小是個「人才」！結果在裡面逛了一圈看到無數同類，覺得自己也就算個「人」！最後一無所獲被擠出人才市場，恍然覺得自己連個人都不是！調侃的言辭背後反映了時下大學生普遍存在的一種心態：易患得患失，時而好高騖遠，又極容易滑向自卑的谷底，自貶自抑。這都不是健康的心態，不是自愛的表現。

3. 自愛不是放任自我

愛自己不是為了滿足自己的需要，就可以為所欲為。有些大學生不能約束自己的行為和克制自己的情緒，凡事「跟著感覺走」：上了大學就感覺獲得了全面解放，高喊「60分萬歲」，沉迷網路遊戲。即便樹立了目標，也缺乏恆心和決心去實現；在困難面前望而生畏，寧可選擇逃避，圖一時安逸；遇到一點挫折便情緒衝動做了傻事，比如某大學裡一名成績優異的學生和另一位高手打賭，因為對方一次言語挖苦，憤而朝對方臉上潑強鹼，差點致使同學失明，也使自己落入被退學的窘境。如果純粹只是為了滿足自己的慾望，放任自己的情緒，那不是自愛，是自甘墮落、自毀前程。

4. 自愛不是自我封閉

完全沉浸在自己世界裡的人是不會感到快樂和幸福的。這不算是自愛的人。每個人都需要朋友，每個人都有愛與被愛的需求。只有與人產生關聯，才可能發展彼此依附、相互照顧和關懷的關係。有的人遇到並非不可解決的困難，卻陷入深深的絕望，多半原因是其長期自我封閉，內心沒有歸屬感，

第二部分 愛、婚戀與家庭

覺得自己孤立無援。沒有人可以是一座孤島。愛是需要分享、需要給予、需要傳遞的。如果你選擇緊閉心扉，即使窗外陽光燦爛，也不會灑入你陰冷的心房。

（二）儲存自愛的能量

自愛不容易，因為人有惰性。很少人能真正自愛，因為無法放下自我的執著，又容不下別人，無法做到豁達從容。有什麼力量，能把執迷的人拉出困局呢？答案是自愛。學會抓緊活在當下的幸福，將過去的負面能量轉化為生之動力，強壯身體，一步一步邁向自愛的路。

1. 自愛的能力

在心理學家弗洛姆看來，「愛是人的一種主動的能力，一種突破把人和其他同伴分離之圍牆的能力，一種使人和他人相聯合的能力；愛使人克服了孤獨和分離的感覺，但他允許他成為他自己，允許他保持他的完整性。」因此，愛的能力是指和他人建立親密關係的能力。它對人的一生發展有著重要的意義。具備了愛的能力會引導一個人去真正地愛他人，也真正地愛自己，能真正體驗到愛給人帶來的快樂和幸福。

2. 愛的存儲

愛的能力首先看內心儲存了多少愛可以給予。米爾的儲愛槽：心形的儲愛槽是儲存愛的地方，用來解釋人對愛的渴望。將自己想像成一個嬰兒，在你的內心深處有個心形的儲愛槽。如果這個儲愛槽有個計量表，它一開始等於零。

請看下圖，上方的兩個心形槽代表你的親生父母。隨著時間的流逝，他們會用自己槽中的愛注滿你的槽。過了十五、二十年，當你脫離了家庭，自己成家，那時你的槽已注滿了愛。身為成年人的你，準備好去注滿儲愛槽。因而在一個正常運作的家庭裡，愛是代代流傳下來的，從父母傳給子女。

你自己的儲愛槽裡有多少愛呢？父母給予孩子的愛，使孩子也會切身感到自己是一個可愛的人。當一個人愛他人之前，首先要學會的是愛自己，即自愛。

3. 自愛

真正的愛，就像弗洛姆講的，意味著「關心、尊重、責任、認識，它不是為某個人所愛之意義上的一種情感，而是為所愛的人的成長和幸福的一種積極主動的奮鬥，它根植於自身的愛的能力。」「愛某個人是愛的能力的實現和凝聚。」「人對自己生命、幸福、成長、自由的確定，同樣根植於其愛的能力，也就是說根植於關心、尊重、責任和認識。如果一個人有能力產生愛，他也就愛他自己。如果他僅愛其他人，他就根本不能愛。」

哲人說：「學會愛自己是人世間最偉大的一種愛。」不愛自己的人，就等於自討苦吃，也無異於拒絕社會和他人。一個人如果不愛自己，當別人對他表示友善時，他會認為對方必定是有求於自己，或是對方一定也不怎麼樣才會想要和自己為伍。這種人也會不斷地批評自己，從而使別人感到他有問題而儘量避開他。這種人因害怕別人瞭解自己就會先破壞別人的好感。總之，不愛自己會導致各種問題發生。當一個人覺得自己的很差勁時，周圍的人也會跟著遭殃。

因此，在開始愛別人之前，必須先愛自己；想要擁有和諧、美好的人際關係，就必須先做自己最好的朋友。世界就像一面鏡子，人際問題大多是我們與自己之間問題的折射。因此，我們不需要去努力改變別人，只要適度改變自己的思想和想法，人際關係就會自動轉好。以下幾條建議是非常可取的：第一，避免與他人做比較，為自己做主，警惕「人比人氣死人的陷阱」；第二，

第二部分 愛、婚戀與家庭

從實際出發，給自己設定有意義、可行的人生目標；第三，對自己更友善，可以經常自我反省，但不要總是批評自己；第四，記下自己做的每一件好事，不要低估自己的貢獻，給自己打打氣，激勵熱愛生活和工作的信念。

當然，真正的愛自己就是自我接受，包括同時接納自己的特質與特點、長處與短處，並對自己給予適度的自尊與自重。也就是說，愛自己只是一種收斂的自信、自我欣賞，加上適度的幽默感，而內心則保持沉穩和平靜。

延伸閱讀

愛自己是一種責任

在德爾斐的阿波羅神廟的廟柱上刻了三句箴言，其中一句便是「認識你自己」。人要認識自己，感知自己。這是前提。但是認識之後呢？就是要愛自己，只有愛自己才能愛別人。愛自己是一種責任！

有一天，朋友問我：「你愛自己嗎？」我茫然地瞪了對方半天，才理所當然地回答說：「愛！」其實，我的內心非常模糊且底氣不足。我愛自己嗎？

傳統的生活理念和生活方式是愛別人。我們從出生到長大，所接受的教育告訴我們，要愛父母，愛兒女，愛你的愛人，愛你的朋友，愛你身邊的人，甚至愛陌生人。人生的詞典裡，唯獨沒有愛自己這一說。愛自己，會被人當成自私自利。

在不知不覺中，我們忽略了自己，忘記了自己。身體微恙，小病小痛，忍一忍就過去了，否則會被說成嬌氣；工作不能放下，那是一個人在社會上立足的代表；父母的事兒大過天，什麼事兒都能放下，唯此不能放下；兒女的事兒很重要，不能影響下一代的健康成長———唯獨自己，永遠排在最末位，或者永遠也排不上。

就像一只陀螺，一刻不停地旋轉，終於有一天，轟然倒下。到此時，你才戰戰兢兢地學會愛自己，在瓶瓶罐罐中愛得謹小慎微。也唯有此時，你才發現愛自己是多麼重要的事。

愛自己，應是不拿自己的身體開玩笑，不拿自己的錯誤懲罰自己。我曾親眼見過鄰居的一個女孩，如花似玉一樣的年紀，只一兩年的時間，就黯然凋謝了。起因是女孩找了一個男朋友，兩人好得如膠似漆。後來傳出女孩懷孕的消息，男孩卻死活不肯同女孩結婚，理由是要先立業。女孩去醫院墮了胎。此後，她像變了個人，用玻璃片劃手腕，厭食，怕見人，抽煙，喝酒，把自己弄得憔悴不堪。

女孩本已有錯在先，遇人不淑，把一個怯懦的、敢做不敢當的男人當成終身依靠。現在改正這個錯誤，不算太晚，可惜她一錯再錯，拿自己的健康開玩笑，對自己的身體施虐。拿自己的錯誤懲罰自己，已經不是什麼明智之舉。拿別人的錯誤懲罰自己，那就更不應該了。

當然，愛自己的方式有很多種，比如給予自己豐厚的物質與安逸的生活；比如給自己充實的精神世界、無形的享樂。但是這些都抵不上擁有一個健康的身體。健康是一筆無形的資產和財富，可惜這樣簡單的道理，卻非人人懂得。

有的人天天耽擱在辦公室裡加班，彷彿全世界最忙的人只有他。沒有他，地球都會少轉兩圈；還有的人天天花天酒地，馬不停蹄地趕赴大大小小的酒宴、聚會，彷彿世界末日一般。其實，天長地久的無形透支，只會悄悄蠶食你的健康，等你發現身體出現了漏洞時，已悔之晚矣。

一個人如果想要愛別人，首先應該學會愛自己，愛自己的身體，愛自己的健康，不和自己生氣，不和自己過不去。一個人如果連自己都不愛惜，怎麼談得上愛別人呢？愛自己，也是為了更好地愛別人。沒有了健康的身體，無論是宏圖偉業，還是點滴小事，都會成為天方夜譚。試想，一個人每天都被病痛折磨著，還有餘力奢想和實現夢想嗎？

荷蘭學者史賓諾沙曾對健康做過精闢的論述：保持健康是做人的責任。健康的身體不僅僅是個人的需求。為了這個做人的責任，讓我們學會愛自己，就從愛自己的身體開始。

幸福人生 重要的九堂課

第二部分 愛、婚戀與家庭

二、愛在血緣

　　各種愛之中，親人之愛是最難以割捨的。正所謂：血濃於水！然而，親人之間如果不珍惜愛或不善於表達愛，其結果或令人厭倦或令人傷感或令人心寒，甚至反目而成仇。因此，父子之間、夫妻之間、兄弟姊妹之間，不僅要懂得愛，還要善於表達愛。只有這樣，才能營造溫馨和睦的家庭氛圍而享受幸福和快樂。

　　《論語·學而篇》：「孝悌也者，其為仁之本與。」孔子認為，人類最高的道德是仁愛，而仁愛的最根本便是能夠孝順父母、敬愛兄長。

　　（一）愛在父母

　　父母對子女的愛深切而又自然，成語「舐犢情深」說的就是父母對子女不僅有辛苦生養之恩，還有殷切痛愛之情。這一切既源於親子之愛的本能，又離不開自我人生經驗的理性要求。父母對子女的愛，是天地間最沒有私心的愛，是最不需要回報的。

　　「百善孝為先。」儒家倫理認為，「孝是人倫的根本。」然而，子女不履行贍養義務的情況在當今社會屢見不鮮。一旦出現這種情況，「清官難斷家務事」，外界又不便介入。

　　動物尚且有「烏鴉反哺」「羊羔跪乳」等行為，那麼是什麼原因使得人類道德層面的血緣之愛需要用外在的法律之手督促人們去表達呢？因為隨著經濟的不斷發展，對利益的追求正不斷地衝擊著人們原有的道德觀，包括「孝道」在內的傳統美德也漸漸地遭到一部分人的「淡忘」。

　　孝，是中國倫理道德的核心之一，也是為人之根本。從字形上看，「孝」上為「老」字的一半，下則是「子」即跪著的孩子，望形生義，可以理解為「孩子扶著老人走路」，實際上是行孝最直白的表述。《論語·為政》中說道：「今之孝者，是謂能養。至於犬馬，皆能有養。不敬，何以別乎？」意思就是父母養育子女，不能沒有一個愛字；孩子報答父母，不能沒有一個敬字。敬也是愛，是對愛以心換心。於父母而言，告老之年，能得到子女以敬愛之心相

待,是所有父母眼中最美好的歸宿、最貼心的慰藉,而物質層面的給予倒在其次了。那麼,身為子女又該如何做到不留遺力地去愛父母呢?

1. 愛不要等

佳節在外的遊子,停下你的腳步,放慢你的生活節奏,常回家看看,也許你的生活又回歸了孩童般的快樂!父母在,不遠遊,因為他們是最愛你的人!很多人等到自己當父母,自己養了孩子後才知道父母親這般地犧牲自己、把最好的給兒女,才回想到父母以前對我們的愛。因此,愛、回饋、孝順都不要等,因為等到最後就是「樹欲靜而風不止,子欲養而親不待」。

2. 愛要說出口

「百善盡孝心,愛語似重金。心靈需撫慰,溫潤父母心。」對父母的愛,不僅僅是使其有錢花、有豐厚的物質生活條件,更重要的是心靈的溝通、發自內心的真情。而這樣的真情,還要透過溫和而柔美的語言來表達。這樣,父母才能真正感受到溫暖和關心,才會增添其幸福感。切不可冷言寡語,更不能惡言相加,那樣便傷了父母的心,不利於其身心健康。

很多人拙於口舌,不善於用語言表達自己對父母的愛。其實愛的表達方式還有其他四種,第一,觸摸、握手、擁抱、搭肩等肢體語言;第二,用服務的方式,比如照顧;第三,精心的時刻,有時帶爸爸媽媽單獨出去,跟媽媽一起去逛街,一起去吃一些老人家沒吃過的東西或者搭車去別的城市;第四,送禮物給父母。這些方式不用每一種都做到,只是提醒大家用不同的方式表達對長輩的愛,因為每個人生活的環境不一樣,保守和開放的程度不一樣,用合適的方式和語言把這些內容加上當地的人文背景,慢慢使兩代之間的感情建立地更堅固。

3. 愛要尊重和肯定

父母應該得到什麼樣的對待?他們應該得到的是尊敬而不是藐視;他們應該得到的是放心而不是操心;他們應該得到的是肯定而不是輕看;他們應該得到的是照顧而不是忽略。前者比較強調兒女對父母的態度,也就是說話

的口氣、用詞、表情、姿勢，後者則注重兒女對父母的看法、心態，要肯定而不是輕看。

尊重父母，不僅是傳統、禮儀等方面的尊敬，也要接受父母的處事方法。如有涉及自己的事，父母提出看法或異議，應委婉解釋，有商有量，爭取達成共識。單方面的「孝順」，一方面委屈自己，可能還會產生偏激情緒，不利於親情的發展。尊重自己，也是尊重父母的一種表現。孝敬父母，不但要好好承擔贍養義務，而且要親力親為，滿足父母在情感、生活方面的需求。對年邁的父母，更要精心照料，耐心聆聽。多抽點時間和他們一起，共享天倫。孝順父母，使我們獲得精神的富足與情感的昇華！

（二）愛在手足

子曰：「弟子入則孝，出則弟，謹而信，泛愛眾而親仁。行有餘力，則以學文。」「弟」指的是兄弟姐妹間的手足之情。兄弟姐妹之間的感情，同「父子」（泛稱，即指父母與子女）之情一樣，是建立在血緣的基礎上的。手足是親情的另一種詮釋。兄弟關係是由父子關係派生出來的一種家庭關係，包括兄弟關係、姐妹關係、姐弟關係、兄妹關係等。這裡以兄弟關係為代表來展開闡述。

自古以來，兄弟關係被認為是人世間最親密的關係之一。人們常用「親如兄弟」「情同手足」「四海之內皆兄弟」這類詞語來形容兄弟關係的親密。兄弟關係之所以有親密性，是因為：第一，兄弟間是有血緣的。血緣的紐帶把兄弟姐妹們聯結起來，使彼此間擁有一種源自天然的「同源」親密感。第二，兄弟是同輩夥伴。無論在以親子關係為中心的傳統家庭，還是在以夫妻關係為中心的現代家庭，兄弟都是處在同一輩分上。這種同輩夥伴身份使他們產生一種天然的平等感。第三，兄弟的思想感情相近。因為年齡相近，飲食習慣一樣，家庭教養方式一致，所以兄弟在理想、情操、價值觀念、愛好、見解等各方面都比較相近或相通，有較多的共同語言。這三個特點是一般人際關係不可能同時具備的，因此兄弟關係非一般人際關係可比擬。

在實際生活中，由於複雜的主客觀原因，各兄弟姐妹的生活經歷、文化程度、經濟收入、思想觀點等各不相同，兄弟姐妹間也會偶有矛盾與衝突。

對於這些矛盾與衝突，不能用傳統家庭中的「男尊女卑」「長幼有序」「嫡長繼承」等習俗來調節，而應與時俱進地結合現代社會的特點因時、因地、因境來進行調節，大致可以歸納為以下幾點：

1. 兄弟姐妹共同尊親養親

父母是聯結各兄弟姐妹的關係。沒有父母，就沒有子女，因此兄弟姐妹應當共同尊親養親。在尚未成家立業前，兄弟姐妹應該在雙親的膝下，一起幫助父母，減輕父母的負擔。成家立業之後，父母一年老過一年，兄弟姐妹團結起來，一起贍養父母，使父母能夠安度晚年。當然，經濟條件好的子女，可以多承擔些義務。

2. 兄弟姐妹間要互相尊重、互相關心、互相幫助

有一點是毋庸置疑的，即兄弟姐妹在成家前後是會不一樣的。成家前，兄弟姐妹會圍繞著父母和自己的原生家庭轉，保持親子聯繫，彼此間親密有加，做到相互尊重、相互關心、相互幫助就比較容易了。但成家之後就會一些變化，因為各自有了自己的小家庭，開始為自己的家庭幸福而忙碌、奔波，兄弟姐妹間較之以前疏遠了，感情也會淡漠些。因此，兄弟姐妹必須自覺認識到這一點，主動地彌補這一點，加強聯繫，溝通感情，相互幫助。

兄弟姐妹就像手心和手背。他們有福可能不必同享，但有難必定同當。因為手足之間的親情深藏在各自的心底，危難關頭方才得以淋漓盡致地彰顯。兄弟姐妹間的關係很複雜，特別是在孩童時期。但是社會常常認為吵架、口角、打鬧和動真格是成長的必經環節。

三、愛在戀人

大文豪托爾斯泰就說過：一千個人有一千種愛情。因為，愛情不僅有著時代的差異性，也有著個體的差異性。愛情不像某些科學發明，可用一道人人適用的、固定的公式規定下來，依此行之而各得其所。今天，愛情需要同什麼聯繫起來，才會使這古老的課題添上新的色彩，展現出更為迷人的風貌呢？年輕的朋友，讓我們一起努力，填寫好這份嚴肅的答卷吧！

第二部分 愛、婚戀與家庭

（一）什麼是愛情

弗洛伊德是以性為中心來定義愛情的，認為愛情是由性引發的一種情感；心理學家魯賓和斯科尼克是從想法和態度來定義愛情的，認為愛情是由特定的想法引起的體驗；斯文森認為愛情是與他人互動，被回報的一種行動。我們認為：愛情是兩個人基於一定的物質條件和共同的人生理想，在各自內心形成的對對方最真摯的仰慕，並渴望對方成為自己終身伴侶的最強烈、最穩定、最專一的感情。

（二）愛情的四個階段

第一階段：初戀。你在這個階段會對異性進行選擇。所選擇的異性包括朋友、同事或者陌生人。其實，這時的選擇是一種潛在意識，你會把你選擇的異性一一對照你想像中的配偶並進行對比，從外貌和氣質上更多地去選符合或接近你標準的異性，然後你會去關注他。這就是初戀。

第二階段：迷戀。當你在外貌和氣質上選擇了異性後，會開始關注並希望得到對方的好感或者試探對方是否也同樣對自己有好感。如果對方沒有關注到你，你會試著展示自己，讓對方發現自己。如果對方對你也同樣關注，這時就會出現愛之迷戀。在這個階段，會出現一種互相展示的原始動力。當雙方都有好感時就會進入第三階段。

第三階段：熱戀。它是愛情中幸福的階段。熱戀階段中戀愛雙方看到的都是彼此的優點，對所有與戀愛有關的事物都有種美好的嚮往。這個階段具有以下幾個典型特徵：①直覺性：此階段容易出現「期望效應」，即把自己所希望出現的特徵賦予對方。所謂「月移花影動，疑是玉人來」，它把自然景物和周圍環境都打上了愛情的印記。此時，戀愛中的人可能念書、工作時心猿意馬，注意力不集中，容易出現差錯。故應注意控制情緒，放開視野，利用愛情的強大動力互相幫助、共同提高。②隱蔽性：言辭含蓄而富有詩意，行為隱蔽而富有德行，言談、舉止、環境、表情、行為都體現了一個「愛」字。③排他性：表現在對意中人的專一摯求、忠貞不渝的心理特點，不允許第三者介入，容易「吃醋」。④波動性：情緒變化很大，熱可達到白熱化、冷則驟降至冰點。高興時喜笑顏開、手舞足蹈，懊惱時垂頭喪氣。⑤衝動性：

熱戀時人的認識活動範圍往往會縮小，理智分析能力受到抑制，習慣行為受到破壞，此時發生的許多事情與平時可以完全不同。同時由於控制自己的能力減弱，往往不能約束自己的行為，不能正確評價自己行動的意義與後果，因而可能導致婚前性行為、未婚先孕，甚至做出違法亂紀的事情來。

第四階段：依戀。這一階段，依戀常有「愛戀」「親密得難捨難分」「深深地愛著你」。不同戀愛背景中的依戀常常具有一些共同的特徵。例如，都會有另一方在身邊和能夠響應自己時，感到安全；都有親密、私人性質的身體接觸；當不能親近另一方時都會感到不安全；都會與另一方分享自己的發現；都會撫摸另一方的臉部，並都顯示出相互間的迷戀和專注；都會進行「身體交談」等。戀愛關係或伴侶中的依戀行為在很大間程度上反映著他/她在早年兒童期中的依戀體驗。

（三）同性戀

「同性戀」是希臘文「同樣」之意，原來用來界定同性間的情感和本能間的吸引現象，是一種「心理上的缺陷」，因此隱含著「變態、偏差」的意味。由於「同性戀」一詞所含的貶義引起同性戀群體的反感，後來更多的同性戀者願意用「同志」一詞自稱。受西方文化的影響，東方同性戀者也會用「Gay」來指代男同性戀，用「Lesbine」「拉拉」「拉子」等詞指代女同性戀，但是這些詞語在東西方有著不同的文化背景和含義。不可忽視的是，對同性戀的定義本身是很複雜的，並不像人們普遍認為的「同性戀—異性戀」兩級。性學大師金賽認為，人類的性傾向並不是絕對的兩級，而是從同性性行為到異性性行為的一個七級連續分佈：絕對異性戀；異性戀占優勢，僅僅偶爾有同性戀；異性戀占優勢，但有過較多同性戀經歷：異性戀傾向和同性戀傾向相等；同性戀占優勢，但有過較多異性戀經歷；同性戀占優勢，僅僅偶爾有異性戀；絕對同性戀。

1973年，美國心理協會、美國精神醫學會將同性戀行為從疾病分類系統中去除。他們將同性戀的定義更正為：同性戀是指一個人無論在性愛、心理、情感以及社交上的興趣，其主要對象均為同性別的人，且這樣的興趣並未從外顯行為中表露出來。

如今同性戀在一些國家得到認可，如 2009 年 4 月 1 日，瑞典議會以 261：22 的投票結果透過了允許同性戀結婚的法案。台灣大法官會議認為民法關於婚姻規定，沒有保障相同性別者的婚姻自由權及平等權，昨宣告違憲，相關機關應在 2 年內完成修法或制定，逾期未完成、從 2019 年 5 月 24 日起同性伴侶可向戶政機關辦理結婚登記。台灣成為亞洲第一個判決同婚合法化的國家。

（四）愛在彼此

現在，戀人間的倫理在愛情中的重要性與夫妻間的倫理可以相提並論了。愛情最重要的意義，在於透過與對方相處，讓自己成長。

1. 對自己的愛情進行審視與淨化

戀人倫理以愛情為核心。戀人以愛情為連結。然而情竇初開的少男少女們往往不能區分愛情與其他各種欲念的區別，或者常常把愛情同各種欲念混為一談，甚至乾脆把各種欲念當做愛情來追求，結果不是飽嘗失戀的苦酒，就是造成不幸的婚姻，陷入無窮無盡的痛苦之中，進而導致愛情的悲劇。因此，戀人初涉愛情的海洋時，開宗明義第一條必須區分各種欲念與愛情的區別，淨化自己的愛情。

所謂「淨化愛情」，就是要消除那些對愛情起破壞作用的消極因素。戀人間的非愛情因素各種各樣：相貌與身體、階級地位與政治立場、財產多寡與經濟狀況、門第高低、教育程度與職業、祖籍等。這些因素有的與愛情是一致的，因而對戀人之間的愛情發生積極促進的作用；有的與愛情是矛盾的，因而對戀人之間的愛情發生了消極破壞的作用。因此，戀人之間要想獲得真正的、幸福的愛情，就必須淨化自己的審美觀，不把對外在美貌的愛慕當做真正的愛情。戀人之間要想建立幸福美滿的家庭，彼此間除了要志向、情趣一致之外，還要正視愛情中的正當物質要求，即把愛情放在首位，把經濟條件放在第二位，否則不但不能獲得愛情，還會葬送自己的美滿姻緣。

2. 對自己的愛情用理智駕馭

愛情的發生常常帶有神秘色彩。因此，在戀愛生活中最常見的情令智昏的現象之一是「一見鍾情」。在歷史和現實中，確實有些青年男女一見傾心、情投意合，終成伴侶。這是一個奇異的謎。它可能出自兩人生物遺傳特性的獨特組合，也可能出自兩人直覺的審美情趣的互補，或是兩人心中理想的模特的吻合。不過現實中很多一見鍾情者步入婚姻的殿堂之後往往以婚姻破裂而告終。因為一見鍾情往往是一種外在的情感。嚴格意義上來說，它只是一種「好感」，並非真正的愛情。因此，愛情若是建立在形態上的好感是遠遠不夠的，還需經過一定時間的相互交往，深入瞭解對方的思想品質，方能結出婚姻的果實。

愛情是人生最高尚、最神聖的情感。當一個人愛上一個異性時，他的全部注意力都集中在這個人身上，渴望得到對方的回報。互愛是愛情的本質特徵之一，也是愛情得以結果的表現形式。互愛是建立在兩個人的基礎之上的。一個人的感情不叫愛情，只能稱之為「單相思」；三個人的糾纏也不能稱之為愛情，謂之「三角戀」。「單相思」也好，「三角戀」也罷，都注定了感情中會有人受傷。因此，處於這兩種感情中的個體，必須用理智支配感情，儘早做出抉擇，不可繼續盲目地濫施自己的感情，不要讓自己或更多的人掉入感情糾葛的痛苦深淵。

3. 對「試婚」進行沉思

隨著西風東漸，西方社會有關性道德的大批著作被翻譯過來，而且西方社會試婚的生活方式，作為訊息，透過各種渠道逐漸傳入東方，其影響面超乎了人們的想像。一些熱戀之中的青年男女，不僅在公開場合旁若無人地擁抱、接吻，隨意流露出心中的熱情，而且隨意表現出過於親暱的行為。同時，未婚同居現像已非常普遍化了。如果說在二十年前發生未婚同居的事情，人們會指責其「道德敗壞」，而現今社會大多數人則表示出容忍、視而不見的態度。從趨勢來看，未婚同居現像今後甚至有進一步發展、擴大的可能。

從現代倫理觀點看來，西方關於試婚的理論正確嗎？我們對於目前社會上普遍出現的未婚同居現象應該採取什麼樣的態度呢？一個個讓人們難以做出「是」與「否」回答的複雜問題，困惑著年輕人。究竟如何是好，有待於

第二部分 愛、婚戀與家庭

人們進一步的思考與探索。但是，作為當代的文明人，對西方資產階級思想家的試婚理論與實踐，應當持懷疑的態度。這不是什麼「保守」，而是對人生的一種嚴肅和冷靜。因為人生不是兒戲，人生也不能重新來過。

四、愛在關係中成長之初體驗

印度靈性大師巴關認為：生命就是關係。所有生命都有一個共同的基本渴求：愛與被愛。個體在身心成長的過程中，就是在不斷尋找真愛。但對愛的理解卻存在很多的偏差。人們容易把各種關係中的依賴、緊抓和操控、以死相逼理解成為愛。這其實與真愛的本意相距甚遠，甚至可以說背道而馳。在愛的關係中，個體內在成長了則生活幸福指數會不斷攀升。若想達到身、心、靈三者的合一，要先處理好自己與自己生命中的諸多關係。

（一）在與自己的融洽關係中成長

啟悟大師阿南達吉瑞認為，與自己最好的相處方式就是覺醒，對自己感到自在，即當個體獨處時，不會感覺到寂寞、空虛、無聊，而是覺得很舒服。這說明個體已經接納了自我，能夠以最自然、本真的狀態去生活和與他人相處，不會對自己的缺點進行任何的掩飾。這種關係的成長就是個體已經成為了自己，能夠悅納自我。

（二）在與父母、手足間的和諧關係中成長

個體與父母、手足間的關係的互動中可以有愛、恨、期待、失望、痛苦等情感。在理清這些情感糾葛的過程中，我們不僅要將所有的負面情緒轉化成真正的愛意，還要區分自己想要的人生和父母的期許，對待父母的期待能夠批判地進行接收，放下自己心中執拗的要求，鼓勵家人能夠以自己想要的方式愛自己。若個體能夠理清同父母、手足間的情感關係，以包容、回報的方式去愛他們，則家庭氛圍將會是其樂融融的。

（三）在與愛人的親密關係中成長

愛人間的情感是對父母、手足間的情感的補充。很多愛人間的情感常常以愛的名義進行情感交易：我愛你，因為我想要你來愛我。於是，這份親密

情感中的兩個人就變成了愛的乞丐，互相托著飯缽、伸著手向對方索愛。此時，失望、抱怨的情感就會堆積起來。因此，成熟的個體應該靜下心來對自己的內在進行探索，不要一味地苛責、要求和依賴對方。愛人間的親密關係會朝著類似於友誼的方向發展，即接納對方成為他自己，自己也自在地做自己，雙方既有關係又可以各自獨立。那麼，在這親密關係中的個體就擁有了成為自己和愛對方的能量了。

（四）在與社會（如鄰居、工作夥伴等）的和睦關係中成長

除去家庭，個體在社會中生活的時間占據著大部分時間和精力。當個體能夠輕鬆地處理與自己、與父母手足、與愛人間的關係時，在處理與社會的關係就會顯得輕鬆和自在，因為所有的關係都可以視為內在成長的助力。別人的一句話、一個行為，為什麼會引起我們內在的反應？那就是因為我們的內在還不夠強大。當我們處理好自己的情緒負荷及過往記憶後會發現，所有的社會關係都是自己的能量，既能夠愛己及人、惠己及人，也可以做到己所不欲、勿施於人。

綜上所述，愛是複雜的，又是很純粹的。愛也許真的很苦，但當你走過崎嶇山路，攀上山巔，張望游移天地間純粹的寬大與寂靜時，得到的，便是超越痛苦的喜悅與平靜，身心靈天地人合一的壯美與圓融。每個人走自己的路，可以艱難，也可以很輕鬆，但終點站的風景應該是一樣好的。所以，愛，請深愛，請你在覺知裡享受，沒有遺憾地愛自己、愛父母、愛兄弟姐妹、愛愛人，對社會應表現出豁達、無私、從容、寵辱不驚，才能體會愛情之美、家庭之善、社會之真，最終成為自己命運的主人、生活的智者！

思考與反思

1. 如何提升個體的自愛功能？
2. 如何經營與父母、兄弟姐妹間的感情？

第二部分 愛、婚戀與家庭

第五講 家庭與家庭經營之道

家需要有愛的親人。這份特別的真情實感，在這裡昇華為一種信仰、一種宗教、一種精神的支持力量。

從1990年《渴望》到2008年《金婚》再到2014年《誰欠誰的幸福》，家庭題材電視劇的收視率節節攀升。同時，各大電視臺爭相播出以家庭為題材的不同欄目，且收視率居高，為什麼？擁有一個幸福美滿的家庭，是每個人的願望。然而，在現實生活中，單方背叛、暴力相向、夫妻反目、孩子失足、婆媳不和等很多問題，在家庭生活中都可能出現。因此，營造一個和諧、快樂、幸福、美滿的家庭，就成為每個人一生中的重要任務和責任之一。

一、什麼是家庭

每個人都是在這樣或那樣的家庭裡生活、成長。然而，家庭的本質和價值，並不是簡單的概念，並不是有家的人都能深刻地感覺和理解。怎樣認識家庭、認識它的本質和特徵，對家庭經營有著重要的作用。

（一）家庭的概念

家不是一個簡單的概念。社會學家說家是社會的最小細胞；婚姻學家說家是風雨相依的兩人世界。究竟什麼是家呢？

1. 家庭的中文釋義

「家」字字形最早見於商代甲骨文。西周金文中有49個「家」字形體。《說文解字》中解釋：「家，凥也。從宀，豭省聲。」「家」字視為形聲字，形符「宀」，上部是人字形屋頂，下部是兩堵牆，像房屋的側視圖；「豕」在現代漢語中讀音為「ㄕˇ」，義為豬。古代生產力低下，人們多在屋子裡養豬，因此房子裡有豬就成了人家的代表。我們的祖先就用象徵家庭財富的「宀（房屋）」和「豕（豬）」構成的「家」字來表示家庭、住所的意思。這一概念是伴隨著氏族公社的解體、家庭制的出現而出現的。

2. 家庭的英文解釋

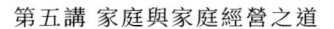

在古代西方,「家庭」一詞甚至包含了「奴隸」的意思。farmilia(家庭)一詞從拉丁文 Famulus(意為「僕人」)衍生而來,後來又指 mason,現在指 fami-ly。把 Family 單詞裡的字母拆開來,即「Family=Father and Mother, I LoveYou」,翻譯為中文的意思就是「『家』就是兒女從內心發出的表白:爸爸和媽媽,我愛你們。」這足以可見,家庭是具有血緣、講愛、允許人們在裡面暴露隱私的地方。

3. 家庭的現代新解

隨著時代的變化,家庭的內涵在不斷地演化。家庭最本質的特徵就是人們生活的基本單位,是由一定關係結合的生活基本集團。就現階段來說,這一定關係的主流還是指夫妻關係以及他們和子女等的血緣關係,其他關係僅占較少的比例。同性戀家庭、單身家庭應該看成家庭的特殊現象。領養關係、收養關係都是為了生活而組成的體系。因此,家庭就是人們生活的基本單位,是由一定關係結合的生活基本集團。家庭的特徵要求可以歸結為:由兩個或兩個以上的人組成;共同生活;分享生活。

(二)現代家庭的特徵

隨著時代的發展,社會的變化,人們生活方式的改變,家庭的形式和職能在更新,家庭結構、家庭理念也出現了變化。在家庭急劇演變的過程中,現代家庭與以往家庭在各個方面都表現出不同的特點。

1. 家庭的「小型化」和複雜化

以薪資為主的經濟來源,已不需要大家族的合作生產。家庭從四代同堂到三代,到兩代,到一代;從大家族到家族,到核心家庭,到單身也算家庭。在城市裡,現在家庭的基本形式普遍是由夫婦和孩子組成的兩代家庭。

在家庭縮小的同時,家庭結構、組成關係卻趨向了複雜化。傳統意義上的由夫妻關係和夫妻子女的血緣關係組成的家庭,到現在未婚單親家庭、單親家庭、離婚單親家庭、離婚再婚家庭等多種家庭結構共存。在再婚家庭中,孩子和繼父、繼母沒有血緣關係,孩子們之間也可能沒有血緣關係,家庭關係非常複雜。同時,分居家庭、異地分住家庭、週末夫婦家庭、未婚同居家庭、

同居家庭、頂克家庭、單身家庭、同性戀家庭等特殊家庭也相繼出現。家庭形式和結構的多樣化，也意味著生活方式的多樣化和家庭職能的變化。

2. 社會的一個單位，家庭內平等和合作

家庭越來越小，家庭在社會這個大環境裡的地位和獨立性相對弱化。家庭成員不僅受到家庭的保護，同時也受到社會的保護。家庭問題不僅是個體家庭的問題，也是社會的問題。家庭、個人的權利不能超出國家賦予的法律權利。棄嬰、兒童買賣、多妻、家庭暴力都是違法行為。家長制的作用在削弱，家庭對社會的各個方面具有極強的依附性，如社會經濟決定著家庭經濟，社會文化決定著家庭文化等。

隨著現代工業、商業、科技的發展，適合眾多女性就業的職業產生，家庭經濟以男性為主的局面已經打破。女性就業增加，家庭經濟的共同分擔，使女性在家庭中的地位、決策、撫養權等方面都在變化。在男女平等制度下，女性就業率在20世紀後期達到了令世界矚目的程度。女性經濟上的自主和獨立，使女性在家庭中的地位出現了巨變。夫婦間不是所屬而是合作的關係。同時共同主持和維持著家庭。

3. 生活方式的多樣化

城市居民的生活，基本上靠薪資收入維持家庭。家庭職能的生產性逐步轉向消費性的再生產。家庭成為社會的重要消費單位。人們用勞動換取薪資，再用薪資換取生活品，並透過一定的家務勞動使生活品滿足自己的需求，充實能量後再去工作獲取薪資。

在現代的衣食住行生活中，大部分勞動越來越商品化、社會化、機械化。家庭手工已從過去的主要勞動變為次要家務勞動。洗衣服基本由洗衣機完成；住房在城市裡已商品化；飲食還需要投入較多的家務勞動，但成品和半成品也越來越多；孩子們的教育已正規化、社會化。人們從繁重的家務勞動中解脫出來，有精力和時間分配自己的閒暇生活。家庭小型化和家庭的個體追求多樣化，使人們的生活呈現出千姿百態的局面，很難用一個模式來概括生活的樣式，估計未來的生活樣式將越來越豐富。

4. 家庭問題的尖銳化

隨著時代加速發展，家庭在急速變化，傳統意義上的家庭職能在消逝，家庭問題也趨於尖銳化。最根本的家庭問題就是家庭關係的弱化，這也是導致婚外情、分居、離婚等問題出現的原因之一。

家庭關係弱化主要表現在夫妻關係、親子關係、晚輩和長輩關係、親屬關係等方面。家庭關係的弱化，主要來自於社會變化導致的人們生存方式的改變，家庭中經濟的依存和合作在逐漸減弱。特別是在先進的國家，家務勞動商品化極高，低級的、簡單的家務勞動都可以尋求社會代替。即使人老了，還有社會福利機構，因此「家庭」並不再是人們生活的唯一依靠。同時，子女出生率的降低，有加強家庭關係的一面，卻又在很大程度上削弱了家庭關係。另外是人們價值觀念的轉變。社會在加速開放，使男女對婚姻的觀念，社會對離婚、分居的看法，已和過去有很大的不同。交流的機會增多，甚至跨種族、跨國籍的交往已不是難事，使夫婦間關係維持的障礙因素增多。

失業是現代社會給家庭帶來的另一大難題。隨著都市化的進程不斷加快，自給自足的經濟喪失，社會競爭的激烈，職業的不穩定性，使家庭也同時存在著不穩定因素。家庭一旦面臨經濟來源的喪失或暫時的喪失，都會給家庭生活帶來這樣或那樣的影響。這也是造成家庭問題的一個重要原因。

二、家庭經營

孟子曰：「天下之本在國，國之本在家，家之本在身。」從男女結婚那天起，經夫妻和家庭成員的手，創造出不同的家庭，也解散了一些家庭，可見人們對家庭具有相當的能動性。在決定家庭的眾多因素中，家庭經營是不可忽視的一個因素。

「事業輝煌一陣子，家庭幸福一輩子」，現代社會中，很多人在經營家庭和經營事業上的精力分配往往倒置過來了。要知道，人的一生中沒有任何成功能夠代替婚姻家庭的成功。雖然家庭的「倒閉」和效益的關係不像企業那樣密不可分，但是家庭的興衰、生活的質量、成員的面貌等與家庭經營的手段有直接的聯繫。從科學的角度來說，經營手段更需要知識、實踐性以及

第二部分 愛、婚戀與家庭

使用者需要具備一定的資質和能力。在客觀因素的基礎上，如果沒有一定的知識，沒有實踐經驗，沒有個人的努力和靈性，即使有再好的目標，實現起來也難。家庭經營，實際上也就是在經營生活、經營人生、經營幸福。要好好經營，都需要一套正確的理論來指導，才能達到理想的境地。如下幾條家庭經營手段是必須要掌握的：

（一）夢想

家庭要想建設好，首先要有建設家庭的夢想。家庭經營從夢想開始，圍繞夢想提出成就大業的分階段目標，圍繞目標制訂行動計劃，並採取有力的措施付之行動，才能實現夢想。

（二）創業

夢想一般透過為企業、政府打工或者自己創業來實現。到底是去打工還是自己創業致富，人們必須在年輕時就要思考好，到年老了就沒有創業的動力了。年輕人在創業前可以先去打工積累經驗，但在有能力創業時就要逼自己一把。人的能力和創業激情是被逼出來的。要相信自己的能力，儘可能自己創一份業，這樣才能使人更自信、更強大，錢也才能更多。當然，如果對創業無望，也只能打工，但打工也要不斷學習進步、不斷總結提高，才能有更大的作為，受更多人尊敬，賺更多的錢，為家庭做更多的貢獻。有一點必須明確：小錢靠智，大錢靠德。智取財富、德行天下才是正路。

（三）經營

創業的過程和成果都需要經營，使之創造更大的財富。過去的老觀念是：妻子不管懂不懂經濟，丈夫都把錢交給妻子保管。這常常是家庭失敗的關鍵。家庭經營必須改變過去的老觀念。妻子懂經濟的，就要把錢交妻子來經營；丈夫懂經濟的，就要讓丈夫來經營，以發揮每個人的長處，把家庭經營好。同時要管理好家庭的所有資源，包括權力、人力、財力、物力、時間、空間、訊息、知識、理念、關係等。

（四）決策

家庭經營的每一個過程都需要決策。在決策前，對大事要商量，對小事要及時溝通，儘可能做出正確的決策。因為成本最大的事情是決策的失誤。同時要傾聽對方的意見，給家庭創造和諧的氛圍。家庭協商後進行決策時，要由一個人做最後的決定，丈夫能力比妻子強的由丈夫做最後決策，妻子能力比丈夫強的由妻子做最後決策。

（五）矛盾

經營過程肯定有許多矛盾要化解，有許多問題要解決。有問題、有矛盾，不是壞事。只要從矛盾和問題中分析出對家庭經營中的害處和長處，化害為利，就能把壞事變成好事，絕不能雙方互相指責對方而不研究矛盾的根源所在，更不能推卸責任。

（六）學習

經營過程中不懂的東西很多，必須透過不斷的學習才能適應新的需求；也只有透過不斷的學習才能比別人做得更好。不能一味地依賴經驗。這是家庭經營失敗的關鍵原因。只有在實踐中不斷學習，才能把社會的更多資源變成家庭的財富，使家庭經營得更強、更優。事實上，不管是國家經營、企業經營還是家庭經營，經營人員的不斷學習才是成功的保障。觀察家庭經營好的人員，我們可以發現他們都在不斷學習新知識，不斷滿足新需求，以努力把家庭經營得更好。

（七）人才

家庭經營也要靠家庭之外的人才幫助才能發展自己的家庭。家庭人員少，知識更是不足，必須借助外部知識和外物生財，才能補充自己家庭的不足，以發展壯大家庭經濟。

（八）理財

家庭經營的核心是理財。錢必須去理才能生錢。不理財，錢就活不起來，錢就會吃錢。家庭必須要讓錢生錢，無錢要生錢，有錢要升值，要運用投資的手段，開展資本運作，滾動財源，積小錢為大錢，壯大財源。

第二部分 愛、婚戀與家庭

（九）責任

決策和經營都要承擔責任。不管最後由哪個人決定，也不管成敗如何，雙方都要共同承擔責任，不是最後決策的一方也應同心協力，共擔責任。雙方都不應指責對方，要著眼於將來提出改進的建議，以共同經營好家庭。這一點，就是到了傾家蕩產的地步，也要堅持到底。

（十）背後

家庭經營成功的男人背後都有一個偉大的女人。這一點歷史已經證明了，包括君王都一樣，如唐代李世民、元代鐵木真、明代朱元璋、清代康熙等都是如此，平民百姓也一樣。同理，成功的女人背後都有一個偉大的男人。這說明，家庭經營是共同努力的結果。一個人在前面開山，另一個人在後面做後勤保障。只有這樣，才能形成合力，共同把家庭經營好。

除了這十條，人們還可以透過自己的體會和學習不斷進步，為家庭經營服務，推動家庭經營更上一層樓。

三、家庭經營之道

丈夫、妻子、孩子、家庭裡的其他成員，既是家庭中的衍生「產品」，同時更是家庭中的「經營者」。經常聽到這麼一句話：「好女人是一所學校！」同樣，好男人亦是一所學校！好孩子亦是一所學校！在這些「學校」中，「經營家庭」是他們每一個人都必須學習的「主要科目」。

（一）打造愛的家庭文化

與其他文化相比，中華文化是一種「家文化」傳統最為悠久和深厚的文化。家庭作為一個組織，將一代代人連接起來。「家文化」無論是在外延還是內涵上，都應該是「Love Culture」，即「愛的文化」。「愛（LOVE）」可由傾聽（Listen）、感恩（Obligate）、尊重（Value）、寬容（Excuse）這四個單詞的第一個字母組成。

1. 學會傾聽（Listen）

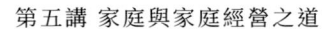

傾聽可以說是美滿家庭的潤滑劑。認真傾聽是一種尊重對方的表示。只有用心去瞭解對方的語言所表達的訊息，才能使對方感覺兩人之間能夠相互溝通，相互理解，從而感到興奮和滿足。當然，向親人傾訴，也要看時機，不要只顧自己的心情，不要只一味地考慮自己而忽略對方的感受；否則，你說的一大堆話，他（她）一句也沒聽進去，最終沒達到目的，自己還覺得受「傷害」。因此，在準備與對方交流時，一定要選好時間、場合。當一個人煩悶、疲憊時，是不會有精力去傾聽和關注你的訴說，建議這時你最好保持沉默。

2. 學會感恩（Obligate）

包容與感恩是親人間和睦相處的前提之一，也是幸福婚姻的基礎。感恩是一種心態，是一種生活態度，是一種精神境界，更是一個人的世界觀。在家庭生活中，我們先要學會知恩，理解父母的養育之恩、兄弟姐妹的幫扶之恩、夫妻間的依託照護之恩。感恩是愛和善的基礎。雖然我們不能變成完人，但是常懷感恩的情懷，至少可以讓自己活得更加美麗，更加充實，使家人間也能相處更加融洽。應學會感恩，懂得感恩，養成感恩的好習慣。

3. 信任與尊重（Value）

親人之間一旦缺少了基本的信任與尊重，家庭裂痕也就出現了，婚姻也就沒有幸福可言了。托爾斯泰說過：「幸福的家庭都相似，不幸的家庭各有各的不幸。」而信任與尊重就是幸福婚姻具有的共同點。為了家庭幸福，為了家庭快樂，一定要信任自己的家人，尊重自己的家人。因此，要想使自己的婚姻長久、家庭幸福，信任與尊重是前提。我們大家需要努力學習家庭、婚姻經營的藝術，全面提高自己的思想修養。

4. 寬容（Excuse）

能夠正常運轉的家庭不僅意味著家人間的互相遷就，而且意味著理想與現實的互相妥協。家是講愛的地方，不是講理的地方。愛是沒理可講的。一位哲人說：結婚前要睜大你的雙眼，結婚後就要閉上一隻眼睛。俗話說：「金無足赤，人無完人。」沒有不犯錯誤的人。家人生活在一起，如果你的左口袋裡裝的是包容，右口袋裡裝的是原諒，那麼今天你會在左口袋裡收穫幸福，

第二部分 愛、婚戀與家庭

明天你會在右口袋裡收穫快樂。時間久了，身邊充滿著幸福與快樂。如果在你的左口袋裡裝的是埋怨，右口袋裡裝的是嫉恨，那麼今天你會在左口袋裡得到痛苦，明天你會在右口袋裡得到煩惱。時間久了，身邊都是痛苦和煩惱了。因此，家人間的包容與諒解，就是一種愛。

（二）夫妻相處之道

夫妻關係是最基本的家庭關係之一，中國有句古語———「妻賢夫禍少」，說的就是家有賢惠妻子，不僅一個家庭和諧，而且丈夫也會少是非，多成就。中國古代「樂羊子妻」的故事，就是這一古語的真實寫照。隨著時代的進步，今天如果妻子為官或者掌握有一定的資源與決策權力，則「夫賢妻禍少」也具有同樣的意義。

夫妻關係好像夥伴關係。一輩子的婚姻，不僅需要愛情來滋潤，更需要彼此的尊重、理解、忍讓、信任和一輩子的守望陪伴。因此，有智慧的夫妻會把各自調整到一個適度的空間，既要長相守候，也要讓彼此獨處。夫妻雙方應該如何做，才能保證雙方的和諧呢？建議可以從以下方面去做：

1. 相互欣賞

夫妻之道，千言萬語，可以歸納為兩個原則。一是努力使自己被對方欣賞；二是努力去欣賞對方。愛情的真正魅力在於發現相悅。對自己所愛的人，不要羞於表達你自身的愛。可以在適當的場合、用適當的表情真誠地告訴對方「我愛你」。這三個字足以抵得千軍萬馬。同時也不要吝嗇你的稱讚。欣賞是對對方的一種承認、肯定和鼓勵，必然會使人產生一種滿足感。所謂的瞭解，最大的意義就是肯定、承認、讚美與欣賞。欣賞是雙方心理的共同需要，同時也是處理好夫妻關係的秘訣之一。

2. 儲存感情

夫妻關係中的雙方在自己的內心深處都擁有一個情感銀行帳戶。如果你經常在感情帳戶中儲存真愛與默契，那麼你帳戶的款項就愈多，自然提取的幸福和快樂就會越多，還可以提取微笑、溫柔、鼓勵、安慰等利息。即使偶

爾因自私或不夠體貼而取款，也不至於因此而透支。如果帳戶款項很少，那麼每次發生的衝突將會擴大化甚至發展到更嚴重的地步。

而當信任和欣賞的準備金陷入負債的狀態後，如果我們仍然不斷地透支的話，那麼感情或婚姻就會被推入一種破壞的邊緣。人生錯綜複雜，我們都有可能偶爾失控，傷害了配偶。避免情感銀行帳戶透支的最有效的辦法是：平常多「存款」，多說感激與欣賞對方的話語，多做體貼與關懷對方的事。

3. 人格獨立

黎巴嫩詩人、作家、畫家紀伯倫在論婚姻時講道：「在合一之中，要有間隙。」雖然琴弦在同一音調中顫動，但是每根弦都是單獨的，這樣才能演奏出人世間美妙的樂曲。婚姻是一對一的自由，一對一的民主。不要偏執地認為「你是我的」，那樣會使自己的愛巢變成為囚禁對方的監獄。如果這樣，裡面的人十有八九想越獄，只是看他（她）有沒有膽量而已。

如果我們企望愛情「增長」，首先必須確認它得到了悉心的培植和堅定不移的呵護。不是改變自己，更不是試圖去改變對方，而應該把各自調整到一個適度的狀態，即既要長相守候，也要讓彼此獨處。在婚姻的土壤中，讓兩棵個性不同之樹自由地成長，這樣自然就可以收穫到幸福的果實。

4. 尊重對方

《聖經》上講道：「要想讓別人怎樣對待你，你就要怎樣去對待別人。」要想使你的婚姻更加穩固，最重要的一條是要學會尊重。只有懂得尊重對方，你才能得到對方的尊重。在我們生活的社會中，不僅要尊重對方，更要緊的是要愛屋及烏———尊重對方的父母兄弟姐妹以及對方的親朋好友。如果你瞧不起對方的家人，更有甚者將對方家人推到了自己的對立面，那麼這種做法非常愚蠢，這樣做會使自己陷入孤立無援的境地，對你婚姻的穩固將是致命之傷。

5. 學會給予

婚姻生活中的一些人都把愛看做「被愛」，而不「去愛」，只想讓自己如何變得可愛，而不是主動地學會如何去愛對方，如何去關心對方的精神需

第二部分 愛、婚戀與家庭

要。真正的愛是傾其全身心的「我給」而不是「我要」，是以自己的生命力去激發對方的生命力。給予比接受更快樂，並不是一種被剝奪，因為在給予的行為中表示了自我生命的存在。愛就應該是純粹的東西，不夾雜任何條件和功利。愛是一種分擔而不是迷戀。愛意味著關心、責任、尊重。達到「你中有我，我中有你」才稱得上是婚姻的「上品」。

6. 相互寬容

在家庭生活中，夫妻雙方往往會因為一些雞毛蒜皮的小事而產生摩擦，影響家庭的和諧氣氛。夫妻之間產生摩擦，彼此或多或少都有一定的責任。一位哲人說：「結婚前要睜大你的雙眼，結婚後就要睜一隻眼閉一隻眼。」這句話何其有道理，不是嗎？寬容是一種修養，更是一種修行。一個人本來就不可能十全十美，今天你之所以會去喜歡一個人，那麼一定是這個人的某一點吸引了你，才讓你傾心。如果我們都能學會生活的藝術，相互寬容，從而給家庭生活增添一些「潤滑劑」，那麼家庭生活中就不會或少有「火藥味」了。

（三）親子相處之道

溫馨的家庭氛圍對於每個孩子的健康成長來說是一種福分。它能夠使孩子變得更堅強和正直。美國一些著名心理學家透過對一群孩子從幼兒園到高中進行跟蹤調查發現，智商高低與這些孩子的天賦和受到的教育並不存在決定性的聯繫，倒是情緒對智力發育造成關鍵作用。孩子智力的健康發育需要一個寬鬆、愉快的環境。如果家庭環境不和諧、缺乏笑聲和幽默，大人之間經常發生口角、打罵孩子等，那麼這些必然給孩子的心靈蒙上一層陰影，會嚴重影響孩子的智力發育。

目前社會中，家庭教育與親子教育面臨四大問題：

1. 文化含量的缺失

家庭教育的核心在於塑造孩子獨立完善的人格品質。因此，營造家庭教育中的文化氛圍就顯得非常重要。但是，我們一些家長只顧自己打麻將、泡

酒店，甚至家裡的客廳成了牌友聚會的場所。這樣的家庭環境缺少了文化的支撐，家庭教育必然蒼白乏力，家庭和諧也就缺少了基石。

2. 共同時間的缺失

當今社會，競爭加劇，生活節奏加快。那些只顧忙著賺錢，忙著官場追逐，忙著應酬的為人父母者，捨不得將時間花在孩子身上，很少與孩子一起學習，一起活動。沒有共同時間，也就無法傾聽孩子的心聲，無法瞭解孩子的心理需求，更看不清孩子成長的腳步，當然也無法隨時撥正孩子前進的方向。可以這麼說，沒有共同時間的家庭是虛擬的家庭。沒有共同時間的親子關係，便失去相互溝通、分享快樂的土壤和陽光。有些家長一般在金錢支配上精打細算，但在家庭活動的時間安排上，卻很少科學合理地配置。

3. 情感支持的缺失

父母的情感支持是家庭穩固的基礎，是家庭生活幸福美滿的源泉，是孩子健康成長的陽光。愛是生命中最好的養料，哪怕只是一勺清水。多給孩子一點自信和勇氣，多給孩子一點支持和鼓勵。這是孩子的精神力量所在，是父母的責任和義務所在，也是父母健康心態的具體表現。而在有些家庭中，父母的這種情感支持是極其缺乏的。

4. 家庭民主的缺失

為什麼在不少家庭中父母與孩子之間難以溝通，缺少共同語言？為什麼家庭悲劇時有發生？其根源也許在於家庭中缺乏民主，缺乏平等的親子關係。做父母的不能以權威的姿態與孩子說話，不能不尊重孩子的人格，不能不把孩子當一個獨立的人。

延伸閱讀

親情在前面，幸福在後面

決絕

第二部分 愛、婚戀與家庭

他恨他。雖然，他是他的父親。父親算什麼？13歲的夏天，他因為肚子痛，提前回了家，母親出差了，打開門的剎那，他看到一雙粉色高跟鞋，而母親是從來不穿高跟鞋的。

父親的隱情暴露了。

那時，他哭著跑下樓，打電話給在國外遠方出差的母親。

不到一個月，父母離婚。

父親在離婚那天狠狠打了他，罵他敗家星。如果不是他，父親是不會和母親離婚的。母親是個優雅的女人，父親只是一時糊塗。可是，母親不能原諒，不要有了瑕疵的婚姻。

母親在離婚後大病了一場，之後，總是精神恍惚。後來，他才明白，有些事情是不能說出來的。如果他不說，那麼，也許父母還會好好地過下去。他也不會是單親家庭的孩子，受到同學的歧視，而母親也不會突然出了車禍。所有的負擔一下子落到他的頭上。

雖然有父親給的微薄撫養費，可是，母親不要。

母親說，如果你要了，就不是我兒子。

那時父親還是一個公務員。後來他下海了，成了這個城市有名的有錢人。

但母親一樣堅持不要他的錢。

於是，他只有去打工。

父親開著賓士從他身邊經過時，一次次下來，把錢遞給他。

他恨這個男人。如果不是他的出軌，自己怎麼會變成這樣？

是的，他有錢，可那是他的事情。

他與母親相依為命，拒絕著他的每一分錢。他認為，那是一個小男子漢應該做的。那時，他不過17歲。

母親哭的時候，他把肩膀遞過去，然後安慰，總會過去的。後來父親又娶了新妻子，年輕美貌。

母親去世後，父親找到了他，因為，他是他唯一的兒子。

回來吧，父親說，你是我的兒子。

他冷眼看著父親，不，我不是。

四年大學，他靠助學貸款，又打了好多工，終於熬過來了。

是的，他不原諒。

四年，他沒有再回。

而父親是越來越有錢了，還放出話來，窮死他，一分錢也不會留給他。他冷笑著，一分錢也不會要他的，錢是個屁！他罵了粗話。

唯一的親人

畢業後，他在一家外資企業工作到國外工作，但心中充滿了恨，覺得整個世界虧欠了自己。

24歲這年，他得了一場病。

有人說，人得病時，最思念親人。

母親沒有了，他只有父親。

他以為自己不會想到父親，但醫生問誰是家屬時，他還是嚇了一跳，知道自己的病很嚴重。也許明天就死了呢。

那是第一次，他打電話給父親。

父親很激動，聲音都變了調。

小剛，小剛……父親叫著他的小名。他卻一直冷漠。他說：「我得了病，也許活不了多久了，如果你有時間就來一趟，沒有就算了。我想了想，你是這世上我唯一的親人了。」

第二部分 愛、婚戀與家庭

　　父親晚上就到了。坐最早的飛機，直奔病房。見了他，就抱住他哭，畢竟，他是他唯一的兒子。

　　可他一直很冷靜，甚至，身體裡都沒有溫度。

　　那麼成功的男人，一直拉著他的手哭。他看到，這個他恨的男人老了，頭髮白了，眼睛也有些渾濁，而且，手一直發抖著。

　　冷漠之下是脆弱

　　父親一直陪著他，給他把屎把尿，還好，手術很成功。那天他醒了才發現，他趴在他的床上，還抱著他的腳，白了的頭髮有幾絲亂。這是那個英姿煥發的男人嗎？當年，他多英俊啊。

　　「醒了？」父親問他。

　　「是。你為什麼抱著我的腳？」

　　「我怕你醒了我不知道啊。」

　　他的眼淚要掉，可臉上還是不動聲色的冷漠。不過，冰山一角已開始融化。

　　父親走的時候，他送他到機場。父親都不敢給他錢，怕他拒絕！臨上飛機前，父親給他買了一大包GODIVA巧克力。他說，你小時候就愛吃巧克力，那時候家裡沒錢，都買些最便宜的。

　　飛機起飛的時候，他的眼淚終於掉了下來。他覺得父親的愛來得太晚了。他怕愛不起來了。

　　記得他的名字

　　那包巧克力，他一直沒有捨得吃。直到過了夏天，巧克力都變了形，鎖在抽屜，他依舊沒有捨得吃。

　　後來的一天，他接到繼母的電話，說他的父親中風了。

　　他愣了一下，買了飛機票趕回家，心怦怦亂跳。他一直以為自己恨父親，恨不得他死。

92

看到父親的一瞬，他知道，真的晚了。

父親昏迷，根本意識不清。

幾天幾夜，他守著。

可是，父親一直昏迷。

繼母給他看了一份遺囑，他的眼淚一下就掉了下來。遺產的一半，父親給了他。他決定辭職，回父親的公司打理一切。是的，他是男人，應該負起這個責任。

父親的命保住了，可是，一直痴傻，手腳都不會動，就會傻笑。他閒時會看著父親，看他傻笑。

有一天吃飯，他指著一個像巧克力的東西說，讓小剛吃，讓小剛吃。所有人都呆了。父親記得他的名字，父親只記得他的名字！

他結婚了，和大家一起生活。這種家庭的溫暖總讓他想掉眼淚。是的，他才知道，親情這麼好。更多的時候，他會陪著父親，推著他，和他講公司的事情，講自己這麼多年的事情。雖然父親仍然傻傻分不清，仍然認不出他，但是父親叫他小剛的時候，他都會掉眼淚。

原來，親情不是不在，而是隱藏在角落裡。當它破土而出的時候，很快就會長成參天大樹。他也剛剛明白，只要親情在前面，幸福就會在後面，緊緊相隨。

其實，好的關係勝過許多教育。父母什麼時候與孩子關係好，對孩子的教育就容易成功；什麼時候與孩子關係不好，對孩子的教育就容易失敗。而建立良好的親子關係，父母的角色定位很關鍵：

1. 不當「法官」，學做「律師」

有些父母看到孩子出了問題，便迫不及待地當起了「法官」，這是很危險的。父母要瞭解其內心世界。而瞭解孩子的第一要訣是呵護其自尊，維護其權利，成為其信賴和尊敬的朋友。即要像「律師」對待自己的當事人一樣，瞭解其內心需求，並始終以維護其合法權利為唯一宗旨。

第二部分 愛、婚戀與家庭

2. 不當「裁判」，學做「啦啦隊」

在人生競技場，孩子只能自己去努力。父母既無法替代孩子，也不該自作主張去當「裁判」，而應該給予孩子一種保持良好競技狀態的力量，即「啦啦隊」的力量。這樣更能幫助孩子建立自信心，而這正是家庭教育的核心任務之一。

3. 不當「馴獸師」，學做「鏡子」

孩子只有認識自己才能戰勝自己。他們通常只能依據他人的反饋來認識自己，這時父母的「反饋」作用就很重要了。不做「馴獸師」，學做「鏡子」，才能幫助孩子提高自我意識，才能讓孩子不害怕父母的「權威」，轉而和父母溝通。教育是三分教，七分等。停下來，等一等，給孩子傾訴的機會，和孩子有效地溝通，不用刻意的教育就能解決問題。

作為新時代的父母，應把孩子作為你的朋友。儘量站在孩子角度上去思考問題，正確理解孩子，讓孩子敞開心扉與你交流，你才能瞭解孩子需要什麼。只有你幫助你的孩子去正確辨別是非，讓孩子在開放的心態下去學習生活，長大後的孩子才能是一個生理、心理健康的人。

（四）婆媳相處之道

屋簷下有一個女人，就是「安」字；屋簷下若有兩個女人，就是難以安寧，這兩個女人就是婆婆和媳婦。可以說，在影響婚姻家庭及家庭和睦的諸多因素裡，「婆媳關係」已成為僅次於婚外情般破壞夫妻感情的「殺手」。還有人戲稱其實是影響婚姻質量的「惡性腫瘤」，是導致家庭內戰的一大誘因。

常言道：「家家有本難念的經。」其中一本就叫「婆媳經」。在家庭中，兩代人之間的矛盾和衝突，最明顯和最常見地出現在婆媳關係上。婆媳不合，是使不少人提起就搖頭嘆息的問題，因此也就有了古語「婆媳同心，泥土變金」。怎樣唸好這本「難念的經」，使得婆媳和睦呢？這當然不會有什麼「標準答案」。這裡有幾點意見供兒媳們參考：

1. 正視丈夫對親人的感情

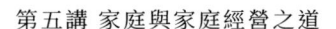

在很多女人身上有一種很有趣的現象：她們熱愛自己的親人，對父母孝順，對兄弟姐妹很照顧，但唯獨不許自己的丈夫對他的親人有同樣的感情。這樣的妻子沒有人會喜歡的。自己享有某種權利，就不要剝奪別人同樣的權利。

2. 瞭解一個人的過去，才能瞭解這個人

老年人的經歷豐富，有的輝煌華麗，有的辛酸坎坷。兒媳如果能多瞭解一下婆婆的過去，一定能夠獲得老人的讚賞。當婆婆在滔滔不絕地講述自己的歷史時，實際上她的心扉已經不自覺地向你敞開了，她與你的對抗心理也就慢慢消失了。除了這些，兒媳還可以經常以家庭、工作、社會等話題與婆婆多交談，有時也可以談自己的過去，讓她也瞭解你，因為只有她瞭解你了，才能理解你、欣賞你，還可以講一些小笑話、小幽默。這樣可以保持兩心相知，消除誤會，鞏固在婆婆心目中建立的好感。

3. 善於讚美婆婆

作為媳婦，要主動和善於發現婆婆的優點，並及時給予讚美。比如「衣服洗得真乾淨」「你穿這件衣服很合適」等。這些不起眼的讚美可以令婆婆心懷喜悅。讚美的話可以當面說，也可以對別人講，讓更多的人知道她的優點，這樣老人會更高興。其實，老年人就是需要哄，需要在平常的生活細節中誇她。人都是這樣的，總喜歡多聽溢美之詞，聽了心裡就會舒坦、高興。我想，只要做兒媳婦的平常能有意識地做到對婆婆的關注和支持，婆媳關係也就好處多了。生活中這樣平常的家常話非常多，而且很實用，關鍵看你是否用心去做。

4. 不直接指出婆婆的缺點

婆婆往往不喜歡兒媳當眾或直接指出她的缺點或錯誤，這樣她會覺得自己作為長輩的地位受到了侵犯，勢必要竭力維護，爭辯到底，最終會導致婆媳關係的急劇變化。

5. 避免與婆婆爭吵

第二部分 愛、婚戀與家庭

同在一個屋簷下，總免不了要發生一些小矛盾。有時，婆媳之間難免爭吵幾句，這時一定要注意分寸，避免失去理智，傷人過深。而且大吵大鬧，勢必會驚動鄰居，授人以柄。因為外人可能將你的「家醜」繼續傳播，或者給你一些不適合自己家庭的建議，這樣不但不能解決問題，反而會使婆婆心中的積怨更深。「清官難斷家務事」這句俗語也說明婆媳矛盾的消除在於自我調適和內部處理。

6. 主動向婆婆賠禮道歉

如果不可避免地發生了爭吵，那麼在爭吵過後，一定冷靜地思考原因，主動向婆婆賠不是。可直接向婆婆陳述自己的不對之處，誠心請求原諒。如果一時嘴上轉不過彎，不妨在行動上表示歉意，比如多給她一些關照，使她先消消氣，然後伺機道歉。婆婆在這種情況下，一般不會再計較過去，就算有時火氣大點兒，鑒於自己長輩的身份，也不便繼續為難已經「認輸」的媳婦了。

婆媳關係的影響力非同一般，已經成為準備步入婚姻殿堂的青年男女或已步入婚姻殿堂者的一門「必修課」。良好的「婆媳關係」取決於三人——婆婆、媳婦、兒子。經營和睦的家庭關係需要三方的共同努力。概括之，婆媳關係並非洪水猛獸，只是一種兩代人的親情關係。人們完全可以憑藉人為的努力改善之。無論發生了什麼，都沒有對與錯，也無須追究對與錯。一切不和諧的矛盾都是人的心理在起作用，也都可以靠智慧來化解。

婆媳和則家庭和，家和則萬事興。想像一下，如果一個人的精力全都放在了處理家庭關係和家庭矛盾上面，那麼他怎麼能有精力工作呢？他怎麼能夠幸福呢？他怎麼可能不煩惱、抑鬱，甚至生病呢？家裡的孩子怎麼可能不受影響呢？為了你愛的那個人，為了家庭的和睦，好好和老人相處。畢竟誰都有老的時候，善待老人等於善待明天的自己。

思考與反思

1. 假設你，男，已婚，請問你如何處理自己老婆與老媽之間的矛盾？
2. 請以自己的家庭為例，談談讓自己家庭更加融洽的方法。

第六講 家庭投資理財

一生能累積多少錢，不是取決於你賺了多少錢，而是取決於你如何理財。

古往今來，家庭的悲歡離合，可以折射出整個社會的悲歡離合；家庭的興旺，可以推動整個社會的興旺。家庭生活的理想狀況無非包括兩點：其一是物質財富的滿足，其二是精神財富的滿足。然而，非物質目標的達到都必須建立在一定的經濟基礎之上。古人常說「巧婦難為無米之炊」，又言「窮吵架富燒香」，說的就是這個道理。如何能夠在目前的收入狀況下，花儘可能少的錢，做儘可能多的事情，讓家庭的物質文化生活儘量豐富多彩呢？即物質財富與精神財富達到美妙、和諧的境界。

一、生活與理財

現實生活中，我們經常會遇到這種情況：兩戶人家經濟收入相差不多，人口也差不多，甚至是完全一樣，但是由於當家人的不同，借用一句時興的話，即運作家庭的能力不同，所帶來的最終結果也不同。當家當得好的，「家中有糧，心中不慌」；而另一類，一有風吹草動，就精神緊張。這現實生活中的典型例子，告訴人們家庭理財是多麼重要。

（一）家庭理財的含義

隨著人們消費水平的不斷提高，新一代的年輕人深受西方消費意識的衝擊。許多家庭都在資產配置上面臨著新的問題，遭遇了新的困難。如何在資產配置上去適應這樣一個新的變化，已經成為人們所需要解決的重要問題。那麼，什麼叫家庭理財呢？

家庭理財就是在一定的收入之下，合理地安排家庭開支，儘可能地利用家庭的一切收入，發掘一切可以增加收入的途徑，從而使整個家庭的生活質量達到最佳。

（二）家庭理財的目標

提到理財，或許很多人會想：「沒有錢或者錢少如何理財呀？」是的，沒有錢就意味著沒有本錢去讓錢生錢，即你會苦於「英雄無用武之地」。但

第二部分 愛、婚戀與家庭

錢少並不是不理財的藉口，恰是需要理財的原因。巴菲特說，「一生能夠積累多少財富，不取決於你能夠賺多少錢，而取決於你如何投資理財。」因此，貧富的關鍵還在於如何進行投資理財。只有確定了正確的理財目標，積小錢成大錢，才能逐步實現自身財富的遞增。

1. 節流

對於很多「80後」「90後」來說，順便搭個計程車，去星巴克來杯拿鐵，去肯德基、麥當勞來份漢堡，去PUB或KTV放鬆一下心情，到蝦皮購物或來個美食團購，似乎已成為一種生活習慣。「麵包會有的，牛奶會有的，一切都會好起來的。」許多人卻在不經意的消費中，讓辛苦創造的收入全部貢獻給了無節制的享受。或許正是這種及時行樂式的消費習慣，淡化了理財，深化了浪費，激化了浮躁。

在神話傳說中，有一種靈獸，叫做貔貅，相傳是龍的第九個兒子。其特點是沒有肛門，象徵著金銀珠寶只能進不能出。貔貅被視為招財進寶的祥獸，因此許多大樓前面都有它的雕像。我們當然不能夠做到只進不出，但是卻可以透過合理的資本配置方式，來減少不必要的支出，這也就是通常所說的「節流」。

不論大家現在有沒有錢、錢多不多，我們都要理清消費和理財的關係。必要的消費不可少，不必要的消費就成為浪費。今天的消費節制和理財習慣不是把大家變成苦行僧，而是確保大家不能因為今天的浪費成為明天的苦行僧！

2. 開源

俗話說，金錢不是萬能的，但沒有錢是萬萬不能的。自古以來就不缺乏勤儉節約的作風，但是有的人只懂節約、固守資本，企圖穩中求財，而不懂「放線釣魚」，更是不敢涉險投資，到最後老本耗光、油盡燈枯。如何有效地利用每一分錢，如何及時地把握每一個投資機會，便是理財的宗旨。適宜的家庭理財的要訣之一是開源。開源，就是爭取資金收入，善用錢財，減少不必要的支出，享有寬裕的經濟能力，改善個人或家庭的生活水平，儲備未

來的養老所需，從而使個人以及家庭的財務狀況處於最佳狀態。家庭財產的保值增值是任何一種理財方式的目的。投資就是其中最為典型的一種理財方式。一項合理的投資往往會帶來一定的回報。最明顯的表現是物質財產的增多，也就是所謂的「財源滾滾」。

3. 修身

在當今的社會環境下，家庭所面臨的各種不確定性因素在增加，風險相比以往的任何時候都要大，有太多的意外因素讓人難以掌控。僅僅一個「錢」字就早已使得眾多家庭心力交瘁。因此應要求那些家庭學會如何去合理配置資產，以達到「修身」的目的，提高家庭應對意外風險的能力。在家庭理財中有些損失是難以避免的，但是人們可以透過自己的努力，把損失減少，甚至減到最少。

4. 齊家

《禮記：大學》所云「齊家治國平天下。」這說明了社會根基的牢固對社會發展的重要性。齊家，是指管理家庭（家族）而使家庭和睦。一個家庭是否幸福和睦，關係到家庭成員人生價值的實現。實現一個家庭幸福和睦的「工具」有很多。金錢就是其中一個重要的工具。雖然家庭的幸福程度不可以單純地用財富的數量來衡量，但是財富是獲得其他幸福因素的物質基礎。如何適當地打理錢財，是每個家庭規劃的重中之重。總之，家庭理財的最根本目標是為家庭的幸福打好堅實的物質基礎，以提高家庭成員的生活水平，從而為家庭成員以後的發展提供堅實的後盾。

（三）家庭理財的基本原則

理財規劃其實是件很個性化的事情，但是所有的家庭理財又有一些共性的東西，比如說理財的一些基本原則。雖然這些基本原則可能很簡單，但是它們是已經被無數人證實過的、行之有效的、基本的財富處理方式。因此掌握這些原則，即使沒有更多的理財動作，也能讓家庭財富穩定，令抗風險能力較其他家庭更高。

1. 家庭理財要「量體裁衣」

第二部分 愛、婚戀與家庭

「量體裁衣」是指按照身材剪裁衣裳，根據實際情況辦事。目前家庭大致可分為五種類型：貧困型、溫飽型、小康型、富裕型和富豪型。這些家庭在理財方式和投資方向上，必須確定其現實情況，進而，在這一基礎上確定期望值並找出現實與期望的差距。當然，下一步便是如何縮短差距，進而使家庭能夠和睦相處。現實生活中，經常發現經濟狀況一般的家庭卻能夠使小日子過得有滋有味；反之，經濟狀況挺好的家庭卻不能使家庭良好地運行。這正是由家庭追求的目標不當所引起的。

生活中有很多人，在投資時常常跟著別人走。看到別的買家透過股票賺了錢，自己也把家裡的錢拿去購買股票；看別人都去買基金了，自己也去買基金，沒有主見，隨波逐流。這種只憑熱情，不透過思考的做法，在家庭理財中十分忌諱。因此在選擇投資理財過程中，要堅持「量體裁衣」，做到具體問題具體分析。

2. 家庭理財要講究階段性

一個家庭從其孕育開始到其解體為止，構成了家庭的生命週期。家庭生命週期一般分為五個階段：獨身、新婚、育兒、老年、鰥寡階段。在家庭生命週期各個階段，收支的重點、數額都不一樣。因此，雖然各階段會發生較大的變化，還是應該針對各階段的收支特點，制訂各階段的理財計劃。

家庭生命週期各階段的收支計劃通常較為粗略，不像總攬全局的家庭收支計劃和具體支出項目計劃那麼詳細、確切。重點在於根據每個階段的收支特點，確定家庭的收益目標。

3. 家庭理財要面面俱到，分配合理

儘管家庭理財是一門邊緣化的學科，但是我們還是要科學地、系統地去對待。在家庭理財過程中，稀里糊塗、措置乖方是不可取的。我們應該認真地去分析這一過程中會出現的任何問題，並努力去解決。塞萬提斯說過：「不要將所有的雞蛋放在一個籃子裡。」投資時也是這樣，多樣化的投資可以降低投資者所面臨的總體風險值。

在理財過程中，因為每個家庭具體的情況不一樣，所以遇到的問題也不一樣。因此在家庭理財規劃中，每個家庭要從自己的實際出發，切切實實把計劃落到實處，不能遺漏。

4. 家庭理財要細水長流，源遠流長

在家庭理財時，家庭成員一般都會樹立一些目標。有些人從自己的具體情況出發，會樹立一些短期目標以及少許長期目標，在做事情上也不會急躁，恰到好處，這樣他們最後的結果可能會比較理想。有些人在處理事情上毛毛躁躁，還制定一些過於遠大的理想或目標，然而實際上，他們並不一定具備成功的能力，這就是人們常說的「眼高手低」。還有一些人則剛好相反，他們不去在乎以後會怎麼樣，不考慮將來到底應該朝什麼樣的方向發展。吃飯的時候他們就吃飯，玩樂的時候就玩樂，閒下來的時候就發呆。理財對他們來說是根本沒必要的，這樣的生活態度明顯也是不可取的。

因此，在理財的過程中，「一口吃成一個大胖子」「做一天和尚撞一天鐘」的心態都是不可取的。家庭理財是由幾個階段組成的，不能只考慮一個階段的事該怎麼安排。對於我們來說，理財是一個過程，而不是一個斷面。

二、家庭投資理財規劃

（一）家庭投資理財的規劃方案

家庭理財需要考慮的因素是較為複雜的。究竟如何為自己的家庭制訂一個合理的家庭理財計劃呢？如何為自己的家庭制訂一個家庭理財規劃方案呢？人們在制訂理財計劃時，應分析自己家庭的財務狀況，分步驟制訂理財目標，然後再製定相應的理財計劃並選擇適合自己的投資工具。

1. 設定理財目標

就個體所處的人生階段而言，根據預期實現時間的長短，把理財目標分為短期、中期和長期三種，合理配置資金，選擇合適的投資工具，實現不同的理財目標。比如：張先生今年 35 歲，目前擔任一家企業的中層管理人員。對於張先生來說，短期目標可能是為一年後購房儲備足夠的頭期款，中期目

標可能是為十幾年後子女去海外上大學籌措教育經費，而長期目標可能是為退休養老做好準備。

2. 瞭解財務狀況

家庭在選擇投資工具時，可以先仔細計算家庭的收入和支出，對目前的家庭財務狀況有清晰的瞭解，並以此為制訂理財投資計劃的基礎。資產負債率可以為判斷家庭財務狀況提供參考。一般來說，家庭資產包括流動性資產、投資性資產、使用性資產。家庭負債則包括日常帳單等短期負債和購房貸款、購車貸款等長期負債。負債除以資產就可得到資產負債率。當家庭的資產負債率低於 50% 的時候，這個家庭發生財務危機的可能性較小。

個體如需改善家庭財務狀況，則可以透過分析在某個時間段內家庭收入和支出情況，如家庭收入中工作收入和理財收入的比例、家庭支出中日常必需品支出和非必需品支出之間的比例等，對收支進行調整。

3. 評估風險承受能力

每個人的風險承受能力是家庭理財規劃中需要考慮的重要因素。家庭理財時應瞭解自己可接受的風險程度，選取適合的投資工具。若風險承受能力較高，可考慮一些高風險高回報的投資工具，如股票權證。若風險承受能力較低，可考慮一些較為保守的投資工具，如債券、保本基金等。

此外，在不同的人生階段和不同的財務狀況下，同一個投資者的風險承受能力也不盡相同。一般來說，隨著年齡的增長，理財規劃的目標會由年輕時候的「資產累積」轉為「資產增值」，一般傾向選擇較為保守的組合，而等到計劃退休時，又會演變成「資產保值」。同時，投資者的風險承受能力也會隨著年齡增長由強變弱。單身人士由於家庭負擔較少，對於風險的承受能力一般強於已婚人士。因此，單身人士往往在投資時會選擇較為進取的組合。在訂立投資計劃時，收入的多少和穩定性也是影響風險承受能力的因素。

4. 選擇投資工具

在制定理財規劃時，客戶可以按照理財目標的實現時間和預期回報為自己定下投資期限和選擇投資工具，否則在投資期間需要動用資金做其他用途

時，便可能因為投資工具的套現能力較低而蒙受損失。比如，張先生如果計劃在短時間內動用資金購房，那麼不應選擇一些套現能力較低的工具。

5. 尋求專業人士幫助

雖然理財規劃是個人私事，但是很多投資者未必能對自己的財務狀況做出正確的分析，也未必精通投資。還有不少投資者因為工作繁忙，無法緊跟市場變化。事實上，在理財規劃的每一階段，甚至每一步，都可以尋求專業人士的幫助。銀行工作人員、理財師和基金經理等專業人士可以為個人分析家庭財務狀況，辨析投資風險，推薦投資方向，幫助個體輕鬆實現家庭理財目標。

（二）家庭投資理財如何獲取收益

現在，不少家庭投資理財收效不理想，有的甚至因投資失誤和理財不當而造成嚴重損失。那麼，家庭投資理財，到底如何進行，才能取得預期收益呢？

1. 制訂投資理財計劃，堅持「三性原則」———安全性、收益性和流動性

所謂「安全性」，是指將家庭儲蓄投向不僅不蝕本，並且購買力不因通貨膨脹而降低的途徑。這是家庭投資理財的首要原則。所謂「收益性」，是指將家庭儲蓄投資之後要有增值，當然盈利越多越好。這是家庭投資理財的根本原則。所謂「流動性」，即變現性，是指家庭儲蓄資金的運用要考慮其變成現金的能力，也就是說家裡急需用這筆錢時能收回來。這是家庭投資理財的條件，如黃金、熱門股票、某些債券、銀行定存單具有較高的變現性，而房地產、珠寶等不動產、保險金等變現性就較差。

2. 瞭解和掌握相關領域和學科的知識

家庭投資理財涉及金融投資、房地產投資、保險計劃等組合投資。因而，首先要瞭解投資工具的功能和特性，根據個人的投資偏好和家庭資產狀況有針對性地選擇風險大小不同的投資工具，制訂有效的投資方案，最大限度地規避風險、減少損失。家庭投資離不開國家經濟背景，總體經濟導向直接制

約投資工具性能的發揮和市場獲利空間。同時，瞭解國家的法律法規，使得投資合法化，不參加非法融資活動，在可能的情況下透過合理避稅提高收益。

3. 家庭投資理財要有理性，精心規劃，時刻保持冷靜頭腦

科學、有計劃、有系統地管理人生各階段累積的財富，是現代家庭必備的理財觀。①建立流動資金。流動資金的規模通常應該等於3個月或6個月的家庭收入，以防可能出現突發的、出乎預料的應急費用。②建立教育基金。當今高等教育的成本有著顯著的上升趨勢。如果現在預測的資金需求在十幾年後可能會與實際的需要之間存在很大差異，那麼要達到這些目標就得進行長期的資產積累，並保證資產免受通貨膨脹的侵蝕。③建立退休基金。在開始為退休做準備的早期階段，投資策略應該偏重於收益性，相對也要承擔較高的風險。而越接近退休，退休基金的安全性就越發重要，保險方面也要進一步加大養老型險種投入。

4. 計算「生活風險忍受度」，量力而投

「生活風險忍受度」是指如果家庭主要收入者發生嚴重事故，家庭生活所能維持的時間長度。因而對家庭主要收入者要在可能的情況下加大人身保險投保力度，尤其是家裡有經濟上不能自立的家庭成員，要為其做好一段時間的計劃，以免在主要收入者發生意外時他們無法正常生活；在正常生活過程中也要預留能維持3個月左右的生活開支，然後再選擇投資，以備急需之用；不能過度投資以免降低生活質量。

（三）家庭投資理財的數字法則

如何合理安排家庭的消費，科學地進行投資理財，是每個家庭都要認真考慮的。若不合理地安排消費和不能科學地運用剩餘的資產去投資，一旦出現小孩教育、婚嫁、生病、養老等特殊情況，對富裕的家庭來講，他們有足夠的金錢去應付，而對一般收入的家庭來講，可能會困難重重，只能靠借債來渡過難關。家庭理財是個資金配置的過程，如何對現有的資金進行合理配置呢？

（1）20/80 法則：最好把主要（80%）精力和時間放在少數（20%）高價值、高回報的活動上。

（2）72 法則：顯示了時間和複利的威力。假定年收益率為 r%，那麼投資大約在 72/r 年後翻倍。若每月進行基金定投 1000 元，假定年收益率為 10%，25 年後就會積累 1326834 元，僅此一項就能成為百萬富翁。

（3）100 法則：投資股市的資金最好占全部存款的（100- 年齡）%。如果您的年齡 40 歲，那麼用於股市投資的資金比率應該為 60%，另外 40% 可投資低風險的銀行儲蓄和國債等。

（4）35 法則：每月歸還貸款本息的額度。最高不要超過家庭收入的 35%，一般以 20% 為宜。

（5）1/10 法則：一個家庭的年保費支出占家庭年收入總額的比例一般以 10% 為宜，最高不要超過 20%。

（6）20 法則：是指養老問題，即從現在起您就要準備 20 倍於目前年花費額（年收入減年儲蓄）的存款，留到自己退休後做日常生活開銷用。

（7）1.2.7 法則：一個家庭的總收入（最好以年為時間單位來安排）中，10% 的資金用來安排保障即購買各種商業保險，20% 的資金用來投資再生財，

70% 的資金用來生活消費。

三、家庭理想的投資渠道

理財的目的是獲取回報，提高家庭生活水平質量。當前，投資理財工具層出不窮，投資理財品種越來越多樣化。對於普通家庭來說，主要的投資理財方式包含儲蓄、股票、基金、期貨、債券、黃金、外匯、信託產品、房產、保險、收藏品及銀行理財產品等可操作項目。

（一）短期投資———儲蓄

第二部分 愛、婚戀與家庭

儲蓄是人們最熟悉、最簡便的投資方式，是指人們把手中暫時剩餘的錢財，存放到銀行生息。它是投資者把貨幣資金使用權暫時讓渡給銀行的一種投資信用行為。

由於儲蓄這種以信用為基礎的投資安全可靠，風險小，收益可觀，因而儲蓄是當今世界上最流行的投資聚財方式。概括起來，儲蓄主要有以下五個特點：①安全可靠；②手續簡便；③風險小；④具有繼承性；⑤極強的變現性。

一般來說，可以考慮將家庭總資產的 20% 左右用於儲蓄。當然，儲蓄並不是最理想的投資方式，因為它的利息太低。因此，投資者的收益也低。但是，大多數人尚沒有認識到複合增長對財產增值的重要性。這種方式經過長時間的儲蓄，財富將變得十分驚人。舉一個例子，人們常說印第安人在 1626 年以 24 美元價格出售曼哈頓島是上了白人的大當。事實上，印第安人可能是極其精明的賣主，如果他將 24 美元按 6% 的年利率存入銀行，每半年計一次複利。這筆錢現在會超過 300 億美元，用它可以買回大部分已開發的土地。複合增長的魔力就在於此！

延伸閱讀

「杯子哲理」對家庭理財的啟示

固執人、噗嚨共、懶惰者和機靈鬼四個人結伴出遊，結果在沙漠中迷了路，這時他們身上帶的水已經喝光，正當四人面臨死亡威脅的時候，上帝給了他們四個杯子，並為他們祈來了一場雨。但這四個杯子中有一個是沒有底的，有兩個盛了半杯髒水，只有一個杯子是拿來就能用的。

固執人得到的是那個拿來就能用的好杯子，但他當時已經絕望之極，固執地認為即使喝了水，他們也走不出沙漠，因此下雨的時候，他乾脆把杯子口朝下，拒絕接水。噗嚨共得到的是沒有底的壞杯子，由於他做事太馬虎，根本就沒有發現自己杯子的缺陷。結果，下雨的時候杯子成了漏斗，最終一滴水也沒有接到。懶漢拿到的是一個盛有髒水的杯子，但他懶得將髒水倒掉，下雨時繼續用它接水，雖然很快接滿了，可他把這杯被汙染的水喝下後卻得了急症，不久便不治而亡。機靈鬼得到的也是一個盛有髒水的杯子。他首先

將髒水倒掉，重新接了一杯乾淨的雨水，最後只有他一個人平安地走出了沙漠。

許多「有財可理」的人就和故事中的「固執人」一樣，認準了銀行儲蓄一條路，拒絕接受各種新的理財方式，致使自己的理財收益難以抵禦物價上漲，造成了家財的貶值。有的人就和故事中的「噗嚨共」一樣，只知道不停地賺錢，卻忽視了對財富的科學紀律，最終因不當炒股、民間借貸等投資失誤導致了家財的縮水甚至血本無歸，成了前面賺後面跑的「漏斗式」理財。有的則和故事中的「懶漢」一樣，雖然注重新收入的打理，但是對原有的不良理財方式卻懶得重新調整，或者存有僥倖心理，潛在風險沒有得到排除，結果因原有不當理財影響了整體的理財收益。但是，也有許多投資者和故事中的「機靈鬼」一樣，注重把家庭中有風險的、收益低的投資項目進行整理，也就是先把髒水倒掉，然後把杯子口朝上，積極採用新的理財方式，從而取得了較好的理財效果。

這個故事蘊含著「性格和智慧決定生存」的哲理，但它卻與當前人們的投資理財觀念和方式有驚人的相似之處。靈活借鑑這一故事中的經驗和教訓，會對家庭理財有所幫助。「杯子哲理」告訴我們，新時代的投資者要與時俱進，注意消除理財中的固執、馬虎和懶惰行為，積極借鑑「機靈鬼」式的理財方式，調整和優化家庭的投資結構，讓新鮮雨水不斷注入你的杯子。這樣，你才能踏上家財穩步增值的無憂之旅。

（二）中期投資

家庭理財形式從最初單一的銀行存款轉變為股票、債券、基金、銀行理財產品、保險、房產等多元化資產組合形式，其中，債券、股票又是眾多家庭選擇的中期投資。透過家庭中期投資理財，科學合理地安排好目前的消費和對未來的投資，既安排好當前的生活又為未來早做打算。

1. 國債

第二部分 愛、婚戀與家庭

買債券基本上是一種最常用的中期投資方法。目前，中國的債券主要是國債。國債是國家信用的基本形式。國家以債務人身份透過發行政府國債籌集資金，形成了國家籌資信用。近年來，國債比股票更受到投資者的歡迎。

雖然國債與銀行儲蓄存款到期都能收回本金和獲得利息，都有較好的安全性，但兩者有很大的區別。主要區別在於國債的利率高於銀行儲蓄存款利率。目前發行的各國國債一般比同期儲蓄利率高 10%~20%。除此之外，購買國債還有以下兩點好處：一是可以隨時變現。國債雖然不能提取本金，但可以隨時在國債市場上按市價轉讓，利息一般不會或受到很小的損失，而銀行定期儲蓄一般在未到期之前，不得提取，最多只能憑證件提前支取一次，而且還要損失一定的利息。二是具有一定的保值作用。有些國債是浮動利率國債，不受通貨膨脹的影響，具有保值的功能。

2. 股票

投資股票是家庭良好的長線投資。現在，由於買賣股票具有可一夜之間變成富翁、富婆的賺錢效應，置身於股市的新股民與日俱增，熱情不減。但是對於理想的家庭理財來說，一定要拿閒錢做中長期（一般指一年以上）的投資，而且要投資到三隻成長性很好的股票。這才是一般家庭投資致富之道。

有人認為買賣股票十分可怕。這是因為他們發現有人因此而破產甚至跳樓自殺。其實這些人往往由於貪心，借錢買股票，而在股市大跌時，又匆忙在低價位賣出股票，造成傾家蕩產。其實如果用一部分閒錢投資股票，還是受益匪淺的。正如日本股市神仙邱永漢所說：「投資股票，姑且不論股票買賣盈虧如何，都可能養成對股票、對經濟、對做生意的關注，繼而逐步具備經濟頭腦和掌握做生意的竅門，成為生意中人，成為有錢人。」

（三）長期投資

對於家庭來說，資金除了一般的衣食住行還綽綽有餘，並且並不急用大量的資金。基金、保險、期貨、金銀等金融資產和實物資產的長期投資不失為好的家庭理財選擇。長期投資主要是相對於短期投資而言的。長期投資是

指不滿足短期投資條件的投資,即不準備在一年或長於一年的經營週期之內轉變為現金的投資。

1. 基金

投資基金是伴隨著個人理財觀念的確立和證券市場的發展而成長起來的一種現代投資方式。它以投資風險相對較小、投資回報有保障又可免去直接投資的種種麻煩而受到投資者的歡迎。

投資基金本身也是一種金融商品,是一種投資工具。但它和股票、債券有很大差別,是一種間接的投資工具。因此,投資基金能滿足那些不能、不願或不便直接參與股票、期貨等高風險投資的公眾或機構的要求。投資基金一般僅適合中長線投資。因為多數基金單位都需要加收首次購買費,即基金管理公司或中間人的傭金,所以基金不適宜投機而適合於投資。

基金的分類標準很多,但最基本的種類是兩種,即成長型基金和收入型基金。成長型基金的投資目標是追求資金的長期成長,而收入型基金則偏重了當前的最高收入。由於投資目標不同,基金的投資對象、投資策略也不相同。以這兩個投資目標為基礎,又派生出以下類型的基金:積極成長型基金、成長型基金、成長及收入型基金、平衡基金、行業基金、收入基金、政府公債基金、地方政府債券基金、公司債基金、貨幣市場基金、黃金基金、國家基金、國際基金、海外基金等。

投資者可以在發行市場上,透過認購基金的受益憑證實現對基金的投資。不同種類的基金,在認購方式上略有差別,主要分開放型基金、封閉型基金兩種。

2. 保險

保險是一種經濟保障,是補償保戶因自然災害或意外事故或人身傷亡而造成的損失的一種行為,同時也是一種低風險、有保障的投資方式。買保險成了銀行降息後許多居民議論的話題。保險也是家庭必不可少的一項可靠的投資手段。

第二部分 愛、婚戀與家庭

之所以說保險是一種投資，是因為它具有投資的共性：①投入性。同一般投資一樣，保險也需要資金投入。保險是被保險人透過向保險機構繳納一定的保險費以取得索賠權利的經濟行為。被保險人定期繳納的保險費就是其投入的資金。②收益性。保險同樣可以給投資者帶來收益。一旦災害事故發生或故障需要，被保險人即可從保險公司獲得經濟補償，這就是被保險人的收益。③收益風險性。保險同一般投資一樣具有風險性。只有在未來（規定期限內）發生災害或事故並且造成了一定的經濟損失時，被保險人才能取得經濟補償。④收益增值性。被保險人只需定期繳納保險金額極少比率的保險費，在災害事故發生後即可取得大額賠償。

保險又是一種獨特的投資形式，因而具有許多不同於一般投資的特點：

（1）保障性。相對於其他投資方式，保險是一種最佳的保障方式。不論發生了什麼樣的災害和事故，只要你參加了保險，便可以免去後顧之憂。同時，保險公司的運營，一方面透過收取保費獲得長期資金用於投資，從而使投保人的錢增值；另一方面透過計算風險發生機率來控制風險，透過提高收益降低風險，使投保人和公司獲利。由於健康欠佳的人的風險增加，不利於保險公司的運營和其他投保人的資金，因此，或需要加費，或失去投保資格。可見，在健康時投保，是投資保險最為有利的時機和條件。

（2）損失性。投保人的年繳保費以不超過其年收入的 10% 為佳。年輕人收入不穩定，更應該量力而行。如果被保險人在保險期內中斷繳納保費，雖然能從保險公司退回大部分保費，但仍是一種損失，而且一旦發生意外還將不能得到補償費。

（3）預防性。首先，人們參加保險，往往不以獲利為目的，而是從預防角度出發的一種投資行為。因此，保險主要提供了一種保障，這是其最大的好處。也就是說，當投保人遇到意外時，保險公司高出投保額若干倍的賠付可使投保人及其家人的生活有經濟上的保障。這是透過儲蓄、證券等投資方式所不能獲得的。其次，如果不考慮保險的保障功能，雖然其收益率比儲蓄和證券等低，但仍是一種很好的理財方式。只要投保人如期交完保費，就可以在晚年獲得滿期保險金和返還的保費，其風險小於證券等投資方式。最後，

保險雖然不是高回報投資，但是總是一種投資方式，可以幫助你養成理財習慣，比起亂花錢在不必要的東西上要好得多。

目前的險種可大致分為風險保障型和儲蓄型兩類。儲蓄型保單，是指投保人繳費後，每隔一段時間可以從保險公司獲得一定的返還；風險保障型保單，平時沒有這一返還，但當投保人發生意外時，其賠付額比儲蓄型保單高得多。風險保障型保單最能體現人壽保險的保障功能。因此，可以先考慮風險保障型險種，增加自己和家人的保障，待經濟實力增強，再考慮其他的險種組合。

3. 期貨

期貨實際上是一種可以買賣的遠期標準合約。在這一合約下，買賣雙方同意在未來某一特定時間接受或交付某種現在約定好價格的商品。所有期貨合約必須在特定的商品交易項目內，依其所規定的條件進行買賣交易。

期貨交易不同於一般的商品交易。它的主要特點是：①買空賣空。就像上述的例子，期貨交易的標的物不是商品實體，而是同意在某一特定日期的契約。因此，買的賣的都是一種約定，說它是買空賣空並不為過。由於契約本身的價值會隨商品本身的價格波動而變動，因此，買賣之間會有差價出現，造成買賣者的盈利或損失。②以小搏大。既然期貨交易很少有實物和商品價款的交付，那麼參與期貨交易的人就不用準備或交付履行合約所需的實物或價款。

期貨交易所需的資金，是進行買賣時應繳納的保證金，以保證將來合約到期會履行買或賣的交割義務。保證金並不是合約價值的全部，通常只是合約價值的一個小比率，為5%~15%。由於保證金只是合約市值的一個小比率，但市場價格波動時合約市值的變動性往往相當大，因此大勢看好時，所帶來的利潤就相當可觀，而有以小搏大的效果。

有人說，買賣期貨就是靠「四兩撥千斤」「財務槓桿」賺錢。但事物是相對的，買賣期貨賠的時候也很嚇人，在極短時間內把保證金賠光並不稀奇。因此，期貨交易可以說是一種高利潤、高風險的投資方式。

111

第二部分 愛、婚戀與家庭

市場風險是不可預知的，但又是可以透過分析，加以防範的。在這方面，投資者要做的工作很多。最主要的就是，在入市投資時，首先要從自己熟悉的品種做起，做好基礎工作，從基本面分析做起，輔之以技術分析。千萬不能逆勢而為，初期一定要設好「止損點」，以免損失不斷擴大，難以全身而退。

4. 金銀

金銀是金屬中的一種貴金屬。俗稱的金銀包括黃金、白金和白銀三種。黃金有生金和熟金之分。生金是由河底或礦山開採出來而未經過熔化提煉的，也叫天然金。熟金是生金經過熔化提煉後的金。白金是礦產中一種稀有金屬，目前多用於飾品。白銀是一種天然礦產金屬，多夾在黃金、銅、鉛、鋅等礦石中提煉而成。

金銀為何是值得投資的工具？因為金銀具有很高的投資價值，無論是過去還是現在，都已形成共識。金銀的投資價值主要體現在：

（1）金銀沒有國界，是全世界公認的。黃金和白銀是世界性的貨幣，在貨幣發展史上，金、銀曾是最佳的貨幣材料。中國以白銀作貨幣有近兩千年的歷史，世界上很多國家都有以金、銀作貨幣的歷史。今天，只要是純度較高的金銀，無論到哪個國家，都能依照當天倫敦金市行情的標準價格進行買賣和兌換成當地的貨幣。而各個國家發行的紙幣，在本國內可以隨意買賣，暢行無阻。但在國際市場上，各國發行的紙幣除了少數世界流通貨幣之外，只能在本國或有限的國家進行買賣。

（2）金銀不會折舊。一般的商品，哪怕是耐用消費品，一經購買完成，就變成了二手貨。即使是一輛名車，購買後輪胎落地，就被當做二手貨。除非有什麼特殊的紀念意義，一般其原有的身價將會大打折扣，尤其是附加價值或經銷佣金愈高，其所打的折扣率也就愈大。然而金銀不一樣，一方面金銀物質不滅，不會消耗；另一方面金銀有自身內在實際的價值，即使已經使用過，或是放在家中很長時間，也起碼能維持原有的價值，不會貶值，不會折舊。

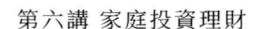

（3）黃金是對付通貨膨脹和非常時期最有效的保值手段。個人投資於某一項資產，往往會由於這項資產價格跌落或價值的跌落而蒙受損失，如將大量現金放在家裡，隨著國內通貨膨脹的發生，貨幣貶值，你的購買能力等於隨著通貨膨脹在下降。過去的歷史證明，黃金的價格和其他投資工具的價格往往是背道而馳的。事實證明，黃金是對抗通貨膨脹的有效工具。當紙幣的購買力下降時，投資於黃金，不僅能保值，往往還能增值。

（4）黃金投資可以免稅。隨著稅收體制的完整，個人財產稅、遺產稅等稅收體系逐步建立，財產的投資、轉讓等都要捐上一大堆稅。但投資於黃金則可以免掉很多稅方面的支出。比如某個人繼承了一大筆遺產後，必須要賣掉一大半財產用以繳納遺產稅，但如果他的父輩當初留下的是大量金條的話，那麼這一大堆捐稅便可免除了。

理財是一個非常簡單，卻又非常難做好的事。當建立了一個健康的理財理念和健康的理財習慣的時候，理財才會變得非常簡單。理財最需要耐心、恆心和信心。任何希望一夜暴富的急功近利的心態都是不可取的。因此保持一個好心態，形成一個好習慣，是理財成功的關鍵所在。而儘早理財，制定一個科學、系統的理財規劃，長期且堅持實施，願意承擔風險，則是獲得理財成功的基本步驟。

思考與反思

1. 家庭理財的主要目的是什麼？
2. 家庭理財的過程中應該遵循什麼樣的數字法則？
3. 結合自己家庭實際，選擇符合自己家庭的理財產品，並制訂家庭理財計劃。

第三部分 快樂、高效地工作

第三部分 快樂、高效地工作

第七講 職場全勝謀略

山高人為峰，只要心夠大，眼夠遠，堅定、踏實地走好每一步，一直勇往直前，再高的山也終將臣服於我們的腳下。做任何事，用心了就會精彩！

無論是工作還是生活，我們每天的大部分時間都在忙碌中度過。我們總是無法從日常繁雜的困境中解脫出來，但是好好想想，我們這麼忙碌，究竟是為了什麼，我們的目標是什麼。現在我們有機會坐下來認真地思考這些問題了，例如個人的目標和志向是什麼，怎樣選擇未來的走向，如何工作才能過上愉快的生活等問題。我們應明確個人未來發展目標，增強自我認知和評估能力，掌握有效的學習方法，設定目標，積極主動地開發自我，不斷提高自己的適應性，在職業生涯的道路上奮勇前進。

哈佛大學有一個關於目標對人生影響的跟蹤調查。調查對像是一群智力、學歷、環境等各方面都差不多的人。調查結果發現：27% 的人沒有目標，60% 的人有較模糊的目標，10% 的人有清晰而短期的目標，只有 3% 的人有清晰而長期的目標。25 年的跟蹤結果顯示，3% 的人 25 年來都不曾更改過目標。他們朝著目標不懈努力。25 年後他們幾乎都成為了社會各界的頂尖人士。10% 的人生活在社會的中上層，短期目標不斷地被達成，生活狀態穩步上升。60% 的人幾乎都生活在社會的中下層，能夠安穩地生活與工作，但似乎都沒什麼特別的成就。27% 的人幾乎都生活在社會的最底層，25 年來生活過得不如意，常常失業，靠社會救濟，並常常抱怨他人、抱怨社會。

目標對人生有著巨大的導向性作用。成功在一開始，僅僅就是一個選擇。你選擇什麼樣的目標，就會有什麼樣的成就，有什麼樣的人生。

（一）要設立清晰而長期的目標

第三部分 快樂、高效地工作

今天的生活狀態，不由我們今天決定。它是我們過去生活目標的結果。明天的生活狀態，也不由未來決定。它將是我們今天生活目標的結果。目標是行動的導航燈。

（二）設定目標的威力

（1）可以給人的行為設定明確的方向，使人充分瞭解每個行為的目的。

（2）使自己知道什麼是最重要的，有助於合理安排時間。

（3）可以促使自己未雨綢繆，把握今天。

（4）可以使人清晰地評估自己每個行為的進展，正面測定每個行為的效率。

（5）能夠使人把重點從工作本身轉移到工作的成果上來。

（6）使人在沒有得到結果之前，就能看到自己的結果從而產生持續的信心、熱情與行動力。

（三）自我認知

美國一學者說：「自我認知能夠幫助我們站在旁觀者的角度研究和理解自己。它不僅影響我們自己的行為和態度，還影響我們採取怎樣的方式看待他人。」

如果一個人對自己沒有正確的認知，不能發現自己的缺點和不足，就會缺乏自我學習、自我完善和自我發展的動力，更談不上管理他人。對於管理者來說，不僅需要較強的智商（簡稱IQ），還需要較高的情商（簡稱EQ），其中情商水平對個人自我認知的程度造成重要作用。

情商又稱情緒智力，主要是情緒、情感、意志、耐受挫折等方面的品質。那些具備較高情商的人一般十分敏銳，易於相處，能夠體會或理解他人的感受，並且善於換位思考。這些品質對於我們非常重要。情商是控制自我情緒的方式，是對自己和他人情感的直覺和理解，也是人與人交流中需要重視的方面。儘管情商在管理科學領域曾經不被承認，但是現在以自我認知為核心的情商已經被認為是一種能力。

（四）反思與反饋

增強自我認知能力的方式有很多種，其中最重要的兩種是：

（1）反思自己的行為及行為造成的後果，並從中總結經驗或教訓。

觀察、閱讀、討論以及實踐活動都可以增強自我認知能力，但是如果不進行反思，這些活動也不能充分發揮作用。反思是一種學習方式，而不僅僅是膚淺地思考問題。

（2）獲得他人的反饋。

許多人能夠接受反饋，但是他們並不喜歡消極的反饋。雖然周圍的人不斷發出反饋的訊息，但是人們往往只是被動接收反饋，很少主動尋求反饋。提供反饋的人也不能總是提供具有建設性的反饋意見，因此在改進自我認知時最重要的是主動尋求建設性的反饋。

二、正確理解規劃人生

關於如何規劃人生至今也沒有一個固定的說法，但是通常人們有兩種觀點：一種觀點是從某類工作或某一組織出發，把職業規劃和規劃人生看做一系列職位構成的總和；另一種觀點是把職業規劃和規劃人生看做個人的一種功能，而不是某種工作或者某一組織的功能。

職業規劃和規劃人生的核心是制定自己的職業目標和選擇職業發展道路。這需要對自己的優勢、劣勢有清晰的判斷，對外部環境和各行業的發展趨勢及對人才素質的要求進行客觀的瞭解，然後在此基礎上制定出符合自己的短期、中期和長期目標，選擇適合自己的發展道路。

（一）有效的目標核心條件

1. 量化

如果一個目標能用數字來描述的話，一定要用準確的數字來描述，且數字要具體化；如果一個目標不能用一個數字來描述，而是用某種形態的話，那麼這個形態一定要指標化和量化。在生活當中，常常聽到這樣口頭禪式的

第三部分 快樂、高效地工作

目標：找一份好工作，成為有錢人，有一個幸福的家庭，盡最大的努力做好這件事情，讓公司的業績躍上新境界，平平淡淡過一生等。這些都是想法，而不是真正的目標。它們的共同特徵，就是模糊，沒有量化。

2. 時間限制

任何目標都必須限定什麼時候完成。如果不限定自己什麼時候完成，我們發現會變得遙遙無期。時間限制可以具體到某年某月某日某時某分。沒有時間限制的目標，即使量化再好，也可能會使目標實現之日變得遙遙無期。

因為你可以輕而易舉地為自己找到拖延懈怠的藉口，而且不知道該怎樣行動、用什麼樣的力度去追求。關於同一目標，達成的時間是三年和是十三年，那麼他的行動計劃是完全不一樣的。無法量化與不設定時限的目標都是無效的目標。模糊的目標，就像打靶一樣。靶子都看不清楚，命中是偶然的，打不中是必然的。

最理想的人生，是一種平衡而和諧的人生。因此目標可以是關於事業的、金錢的、名譽的，也可以是關於家庭的、健康的、享受的、以及心靈成長等各方面。準備一些卡片，將三年、五年、十年的目標全部寫下來。我們會發現，你的人生將會從此更加精彩。

（二）快速達成任何目標的成功配方（九大步驟法）

步驟一：做一個決定，決定要成功；

步驟二：寫下已經量化的目標，並且給每個目標列出十條以上為何要實現它的理由。

步驟三：用多叉樹制訂計劃，分解目標，倒推至今天。擬訂計劃，設定時間表。

步驟四：列出所有必要條件和充分條件，註明解決方法。

步驟五：要實現什麼樣的目標，自己必須變成什麼樣的人，力圖改變自己。

步驟六：運用潛意識的力量，正面自我暗示，永遠積極思考。

步驟七：行動第一，立即行動，大量行動。讓自己開始忙起來。讓自己每一分、每一秒，都做最有生產力的事情。

步驟八：每天睡覺的時候，做一次自我檢討。衡量進度，做積極的修正。

步驟九：堅持到底，永不放棄，直到成功。

（三）設定執行方案

(1) 設定目標的原則：先有大目標，再補充小目標；亦可先有小目標，再定大目標；

(2) 執行計劃：人生計劃—五年計劃—年度計劃—月計劃—周計劃—日計劃；

(3) 注意輕重緩急的原則；

(4) 實施時間管理，不斷奮鬥；

(5) 每年配合環境變化及既有成就，隨時修改。

（四）時時事事勿鬆懈

在設定目標的時候，有一點很重要。這就是科林·特納所要強調的，要明白每一件事都非同小可。一旦你決定了要為自己想得到的東西而努力，那麼你要做的每件事要麼使你離目標更進一步，要麼就使你遠離目標。由於你要為你自己所有的行為負責，因此不管你做或不做某件事，都有可能在欺騙自己。這種欺騙是對自己極端的不負責。

大多數成年人一週看二十到三十個小時的電視或電腦，卻認為自己沒有時間做想做的事。他們常用這樣的話來安慰自己：「為什麼不呢？只有看電視我才能夠得到放鬆。我整天在工作，有權利休息一下。」結果是，又一個晚上白白浪費掉了，向目標更近一小步的機會泡湯了。通常大家會這樣辯解：「昨天浪費了一個晚上並算不上什麼。」你要記住：每一件事都有影響。任何使你離目標更近一步的行為都是正確的，任何使你離目標更遠的行為都是錯誤的。

第三部分 快樂、高效地工作

三、成就人生規劃的十大要素

這是一個逐漸開放的時代。全世界經濟正在由封閉轉向開放，向國際化邁進是趨勢，國家的公民在向世界公民發展。開放人生適應了時代的趨勢，體制的束縛正在被打破，公務員不一定是最佳選擇。社會的需求，由單一專業技能的人才向擁有多元工作素質的複合型人才轉變。

年輕人不應該拘泥於專業成績，更應把握機會鍛鍊自己多方面的能力。同時，我們不能死守鐵飯碗，要敢於創業。創造是當今社會區別過往最重要的一點。這是一個單位人向社會人轉變的時代，這是一個由傳統經濟向投資人才的新經濟過渡的時代。我們更要創造出多元而非單一的文化價值，這就需要我們每個人開放自己的人生。

2013年採訪了200餘名成功者。他們的成長經歷、生活背景各不相同，但他們的人生模式與成功素質卻十分相似，即依靠開放自己的人生，敢闖敢做，最終取得成功。透過採訪這些成功者，總結出成功開放人生的十大要素：

（一）心態開放

美國前總統林肯曾說過：「關鍵不是我們在社會中的位置，關鍵在於我們擁有的心態。」正是我們要開放自己的心態，不斷突圍，才能使自己的地平線更加寬廣。

（二）開闊視野

我們應有兼容心，讀萬卷書，行萬里路，上萬維網，交八方友，做多元事。麥肯錫調查顯示，大學畢業生能夠適應國際化需要的人不到10%。大學生提高自身國際化水平有三個具體的做法：進入國際化程度較高的大學，去跨國企業實習，多參加能夠接觸國際化人士的活動。

（三）擁有自信

布魯金斯學會有一條格言：「不是因為有些事情難以做到，我們才失去自信；而是因為我們失去了自信，有些事才難以做到。」自信意味著找準位置，揚長避短，做喜歡的事，獨立自主，同時還有積極的心態。

（四）富於膽略

許多成功人士都向我們驗證了「擁有勇氣則擁有一切」這一點。鄧峰的 Net-Screen 在美國「9·11」事件後冒險上市。作為網絡安全系統，NetScreen 受到了熱烈追捧，市值高達 24 億美元。作為當代青年，我們應該跟著機會走，把握機遇。

（五）學會策劃

我們應該去思考三個問題：我是誰，我要做什麼，我該怎麼做。世界上有兩種人才，一種是被用之才，一種是自用之才。我們的主動加上策略，就可以讓我們由被用之才變成自用之才，把命運抓在自己的手上。放棄去餐廳打工這一類賺錢容易的工作。這是不能寫在簡歷上的事，長遠地看是沒有用的。人生策劃的原則：即面對對手要以長擊短，面對自己要揚長避短。一位企業家當年在一次面試前，準備了很多英文資料背下來，面試過程中滔滔不絕，掩蓋了他聽力差的弱點，反而得到面試官的好評。

（六）高效行動

孔子說：「言必信，行必果。」納斯達克副總裁聽過很多留學生談論自己的創業計劃，然而當分公司已創立七八年後，那些曾經滔滔不絕的留學生仍然沒有開始自己的事業，依然只想不做。高效行動，需要我們不能患得患失，要面對憂慮，敢闖敢衝。

（七）創新精神

這是開放人生的核心。我們要尋找機會、把握機會。如果尋找不到就應該遵循蕭伯納說過的一句話：如果尋找不到機會，就應該創造機會。

培養一種創新的習慣。我們應該變被動為主動，打破定見，同時注重時代的大趨勢。我們的人生也需要創新。

（八）整合平臺

這裡的平臺，可以包括人力、訊息、專業技能等。團隊這個平臺十分重要，著名門戶網站總裁馬雲的成功絕對離不開他身邊的十八人團隊，這樣才有共贏意識、溝通意識，要有團隊意識、全局意識。

（九）良好人脈

卡內基有一句名言：「一個人的成功85%靠的是人際關係。」我們要與身邊的人有融洽的關係，要嘗試去認識關鍵人物，同時學會從陌生人中開拓人脈。也許你想像不到，促成聯想收購IBM個人PC業務，正是依託朋友的關係而成的。

（十）樹立品牌

品牌是一個人的公信名片。華德士曾提出，21世紀的生存法則便是建立個人品牌。樹立個人品牌，不僅需要我們與眾不同、出類拔萃，更需要我們成為值得大家信賴的人。

我們現在所處的社會年代是一個人才戰爭的年代。我們的時代要求我們成為國際化的人才，滿足人生規劃的十要素，但最重要的是要去實踐，方可開放自己的人生，成就人才。

延伸閱讀

我的人生規劃

古人說：「有志不在年高而無志空活百年。」其實人生何需百年？只要我們能像阿基米德尋找地球支點一樣給我們的靈魂一個支點，那麼激越生命的騰飛還不是易如反掌嗎？這個支點就是規劃人生。遺憾的是我們往往不能或者不敢給人生一個規劃。前路迷茫，沒有人生規劃這座燈塔的指引，我們能找到前進的方向嗎？撲面而來的風風雨雨，我們能挺得過去嗎？或者會誤入歧途，一失足成千古恨呢？由此可見，為我們的人生做一個正確的人生規劃，是必要的！

在今天這個人才競爭的時代，職業生涯規劃開始成為人才爭奪戰中的另一重要利器。對企業而言，如何體現公司「以人為本」的人才理念，如何關

注員工的人才理念，如何關注員工的持續成長，職業生涯規劃是一種有效的手段。而對每個人而言，職業生命是有限的。如果不進行有效的規劃，勢必會造成生命和時間的浪費。作為當代大學生，若是帶著一臉茫然，踏入這個擁擠的社會怎能滿足社會的需要，占有一席之地？因此，我試著為自己擬定一份職業生涯規劃，將自己的未來好好地設計一下。有了目標，才會有動力。

（一）自我盤點

我是一個當代文青，性格特性、開朗、活潑。我業餘時間愛交友、聽音樂、外出散步、聊天，還有上網。我喜歡看小說、散文，尤其愛看雜誌類的書籍。我平時與人友好相處，人脈基礎很好，關愛親人、朋友、教師，喜歡創新，動手能力較強，做事認真、投入，但缺乏毅力、恆心。學習是「三天打魚，兩天曬網」，以致一直不能成為資優生。我有時多愁善感，沒有成大器的氣質和個性。同時，我在身高上缺乏自信心，且害怕別人在背後評論自己。

（二）朋友盤點

人，是一個永恆的話題。朋友，在每個人的一生中都至關重要。朋友，永遠是我最大的財富之一。友情，是我人生路上一筆受益匪淺的儲蓄。這儲蓄，是患難中的傾囊相助，是錯誤道路上的逆耳忠言，是跌倒時候一把真誠的攙扶，是痛苦時抹去淚水的一縷春風。

因為中學這個期間，大家思想已經比較成熟，在一起相處的日子中所建立的友誼比較深厚，所以這個期間了有幸結識了好幾個摯友。我想這個期間的好友在我今後日子中將發揮很大的作用和幫助。由於大學朋友和社會朋友的語言和地域不同等，一般情況之下，彼此的友誼比起中學、小學來說，相對地沒有那麼純潔和美好。但這些朋友中，大家普遍起跑點比較好，發展潛力比較大。因此這些朋友對自己今後的發展幫助也是非常大的。

這些朋友，在我過去的 22 個春秋中，已經給了我無盡的幫助和支持。在我的心目中，朋友佔有非常重要的地位和份量，因此在此特別提出來。他們是我在職業規劃中的一個重要資產，是我人生路上的一個優勢，在以後的人生路上都將是一筆不可多得的財富。

第三部分 快樂、高效地工作

解決自我盤點中的劣勢和缺點。所謂「江山易改，本性難移。」內向並非全是缺點，使我少一份張揚，多一點內斂。但可相應加強與他人的交流溝通，積極參加各項有益的活動，使自己多一份自信、激揚，少一份沉默、怯場。應充分利用一直關心與支持我的龐大的親友團的優勢，真心向同學、老師、朋友請教，及時指出自身存在的各種不足並制訂出相應計劃加以改正。

加強鍛鍊，增強體質，提高體育成績，以彌補身高不足而帶來的負面影響。積極參加校內外的各項勤工儉學活動，以解決短期內的生活費問題並增加自身的社會工作閱歷，為以後創造更多的精神財富和物質財富打下堅實基礎。

（三）職業目標：某公司電子產品研發人員

1. 近期目標

學習任務：考過多益六百分，學好本專業知識。鍛鍊任務：鍛鍊自己的組織能力和人際交往能力。

大一、大二上學期：學好文化科知識，爭取把多益六百分過了；大二和大三上半年：努力打好專業課基礎，參加一些社會實踐，提高自我的綜合能力，從多方面發展自我，為後續就業打下良好的基礎；大三下半年：盡心完成自己的專題設計，多收集一點關於各種自己所喜歡的公司的動態，最後選擇一家在自己專業方面有發展前途的公司就業。

社會實踐與志願服務方面：適時參加社會調查活動、到工廠公司參觀實習等工作。適時參加安全義務捐血、植樹活動、青年志願服務活動等公益事業。

科技學術創新創業方面：紮實學習專業技能。同時，充分利用校內圖書館、校外圖書館及網路訊息，開闊視野，擴展知識範圍，以此開拓思路，嘗試設計並開展學術創新、科技創新。

2. 中期目標

選擇一家發展比較好的公司，然後從基層開始做起，從工作中學到怎樣管理好一個公司，怎樣處理好自我和上級的關係，從管理中學會怎樣使公司發展壯大。盡職盡責地工作，使老闆對自己有信任感。為以後自己創辦公司打下堅實的根底。

3. 遠期目標

有了自己的資本以後，創辦一家自己的公司，然後應用以前在其他公司工作時的管理經驗。經營自己的公司和員工。讓自己的公司處於不斷成長的態勢下。

四、把握機遇等於獲得成功

機遇是什麼？我們如何認識機遇？又如何把握機遇呢？

很多人都想問：當今社會，我們缺機遇嗎？是的，不缺，缺的是分辨機遇和把握機遇的睿智。看看我們身邊的成功者，他們只是抓住一次或兩次機會，就平步青雲了。那麼，我們如何分辨和把握機遇呢？

（一）機遇是一變量

我們需要重新認識一下什麼是機遇。這裡的機遇不是字面的意思，而是機遇真正的定義。不同的人對機遇的認知也不同。比如，有人認為能賺到錢就是機遇；有人認為能晉升就是機遇；有人認為能得到佳人青睞就是機遇。

機遇對每個人而言不盡相同。時代不同，對機遇的認知和理解也不同。又如：在戰爭年代，很多人認為只要能活下來就是機遇；但是有的人認為能爭取到戰鬥任務就是機遇，甚至為此犧牲也在所不惜。因此我們明白：機遇會隨著時代的變遷而變化，隨著不同人的不同境界和格局而變化。機遇是一個變量，因此我們也應該依據實際情況去對待機遇。

（二）機遇是一定量

機遇不是可遇不可求的，機遇也不是常量，而是一個從量變到質變的過程，是積蓄了很長時間、很大的能量在一個特定的條件下爆發的。只能說，機遇是一個定量。那麼也就是說，當那個定量的機遇爆發或者說來臨的時候，

第三部分 快樂、高效地工作

你是否認為它是你想要的？你是否意識到它是千載難逢的機遇？機遇是不是轉瞬即逝的，就如同人常說的：過了這個村就沒有這個店那樣呢？如果你認為那是個機遇，再走回去，一樣可以住那個村那個店啊，問題是很多人就不想走回頭路而主動放棄機遇，或是認為那個店不是自己想住的店而錯過機遇。因此說：不是沒有機遇，而

是你視而不見聽而不聞，一次又一次地錯失良機而已。

（三）機遇是一當量

我們還必須認識到，不是所有的機遇都適合自己。有些機遇，看似華麗，但是你無福消受，因為你的能力不足以駕馭這樣的機遇。如果你強行抓住，會出現不可預測的結果，甚至是致命的傷害。

機遇是一個當量，怎麼理解呢？做個通俗的比喻：擺在你面前的是滿漢全席，而你的肚量有限，你卻想獨自享用，結果可想而知。吃自己能吃的量，吃不下的不要硬吃，逞強的結果就是人心不足蛇吞象。既然機遇是一個當量，那麼當你不能獨自享用的機遇來臨，你又不想錯過時，你可以選擇和更多人一起把握機遇。只有這樣才會真正達到多贏的結局。

機遇是能量。要有度量，每個人的修為決定了他對機遇的理解和把握，也就是說不是所有的機遇都是機遇，有時候機遇對你而言可能是毒藥，要不斷修煉自己，提升自己。有什麼樣的格局，你就會駕馭什麼樣的機遇，否則輕則暴殄天物，重則受重傷。

一個人的修養、境界一定要高，這不是口號也不是官話。當你生命中的貴人（機遇）青睞你，一定是你有被欣賞之處。當機遇降臨，你能不能把握住，就看你平時的功課做得夠不夠。因此，不要怨天尤人。所有的好與壞不可能與自己沒有幹系，也就是說所有快樂與不快樂、幸與不幸都是自己一手造成的。不是命運給你什麼樣的生活，而是自己想要什麼樣的生活。這一切都是你說了算。行動起來，機遇就在你我身邊。只需要你在恰當的時間以恰當的方式選擇恰如其分的機會，你就一定能獲得你想要的成就。

延伸閱讀

招聘紀實

人事主管帶著公司新入職的三位大學生去工廠參觀、體驗，希望透過參觀和體驗讓他們對公司的產品和生產線有感性的認識。誰知，三人到了工廠之後，一臉不情願不說，還邊看邊議論。「這套設備怎麼看上去很舊的樣子？經理，公司為什麼不從德國進口設備呢？德國的機械可是很出名的。」「我覺得公司應該捨得在設備上花錢，可以節約人力成本！」「經理，我覺得工人這樣分組輪班的體制有問題，應該……」三位新員工對人員安排、公司設備管理、資金分配等大問題高談闊論了一番。然而，到了操作體驗階段時，他們卻敷衍了事，差錯百出。試分析這三位職場新人哪裡做得不好，我們作為職場新人又應該怎樣做。

過分驕傲是大學生初入職場最容易犯的毛病之一。

而過分驕傲附帶的毛病就是「眼高手低」。「一屋不掃何以掃天下？」我們應該首先把基礎事情做好。

首先，就參觀而言，我們在參觀過程中，可以更多地向在場的員工瞭解公司情況，以便更全面地去認識公司，發現自己在課堂或書本中接觸不到的事物，並適當地將其記錄下來，以便日後在工作中慢慢去理解，體會實踐帶來的樂趣。

其次，就操作體驗階段而言，正確的工作方法應該是：認真地向前輩學習，按部就班地掌握工作技能。只有摸清了基本的執行套路才能去思考、改良及創新。

五、求職制勝必備的五種素質

我們在現代競爭激烈的職場上，要取得勝利，脫穎而出，不單單要具有簡單的學歷和能力等，還要具備相應的素質才能制勝。

（一）文化認同

第三部分 快樂、高效地工作

目前越來越多的企業在筆試階段引入性格測驗或心理測驗這一單元，凸顯企業對畢業生性格和心理素質的重視。而這歸根究底，是企業衡量畢業生是否認同企業文化、能否順利融入公司文化的標準。企業所期待的員工，不僅要能力出眾，更要認同企業文化。

畢業生就業指導有關專家提示：大學生求職前，要著重對所選擇企業的企業文化有所瞭解，並看自己是否認同該企業文化。如果想加入該企業，就要使自己的價值觀與企業倡導的價值觀相吻合，以便進入企業後，自覺地融入團隊中，以企業文化來約束自己的行為。瞭解企業文化，既是增加就業的砝碼，也是對自己的職業發展負責。

（二）敬業精神

優秀的企業，尤其是世界 500 強企業非常注重實效，注重結果，因此敬業精神是不可或缺的。有了敬業精神，其他素質就相對容易培養了。

根據報告數據顯示，與其他年齡段的人相比，20 世紀八九十年代後出生的年輕人儘管初入職場，但是表現得並不敬業。該網站人力訓練負責人認為，隨著企業經營環境的發展和人才市場供求結構的變化，具有更強的承受壓力的能力，以及根據現實環境調整自己期望和心態的能力尤為重要。而「80 後」和「90 後」畢業生很少經歷挫折，面臨競爭壓力時，適應能力不足，容易對工作產生失落感和受挫感，因此會讓人覺得他們不夠敬業。

畢業生要想適應當今的職場環境，必須具備明確的工作目標和強烈的責任心，帶著激情去工作，踏實、有效率地完成本職工作。工作態度在很大程度上能夠決定一個人的工作成果。有良好的態度才有可能塑造一個值得信賴的形象，獲得同事、上級及客戶的信任。

（三）團隊意識

團隊意識，是指讓若干細絲擰成一根繩的意識。優秀的企業都很注重團隊協作精神，將之視為公司文化價值之一，希望員工能將個人努力與實現團隊目標結合起來，希望員工成為可信任的團隊成員。

許多剛走上職場的畢業生，往往滿懷抱負，血氣方剛，在團隊中常常流露出個人英雄主義。在一些企業常常可以見到這樣的員工：在市場上敢拚敢打，是一名虎將，而自恃學歷層次高、工作能力強、銷售業績好，在同事和長官面前狂傲不已，作風散漫，不願遵守公司紀律，還經常在公開場合反對上司的意見。而這樣的員工業績再出色，能力再強，最終也會被企業淘汰。

（四）學習能力

必須強調的是，這裡的學習能力並不等同於畢業生在學校裡所取得的專業成績。「終生學習，成就終生。」只有不斷吸收新的知識、新的技能，才能成為有潛力可挖、有發展前途的員工。

一家知名網路通信公司的人力資源經理表示：「我們公司不苛求名校和專業對口。即使是比較冷僻的專業，只要學生綜合素質好，學習能力強，遇到問題能及時看到癥結所在，並能及時調動自己的能力和所學的知識，迅速釋放出自己的潛能，制訂出可操作的方案，同樣會受到歡迎。」

（五）工作經驗

這裡所指的工作經驗包括實習經驗、項目經驗、兼職經驗。企業一般會透過應聘者提供的相關工作經驗，考核應聘者是否做過空缺職位的相關工作，並積累了相關的經驗；是否熟悉該項業務流程的運作；能否以最快的速度投入工作中，並帶來新的思路和方法。用人單位有權按照自己的標準去選擇合適的人才。應聘者有更多經驗，才能增加自己的就業籌碼。

人生規劃定好固然好，但更重要在於具體實施並取得成效。這一點時刻都不能被忘記。任何規劃和目標，只說不做到頭來只會是一場空，然而，現實是未知多變的，目標和計劃隨時都可能受到各方面因素的影響。每一人都應該有充分的思想準備。當遇見突發因素、不良影響的時候，要注意保持清醒冷靜的頭腦，不僅要及時面對和分析所遇見的問題，更應該快速果斷地拿出應對方案。每一個心中都有一座山峰，雕刻著理想的信念、追求和抱負。每一個人心中都有一片森林，承載著收穫、芬芳、失意、磨礪。一切都只是鏡中花，水中月，可望不可即。

幸福人生 重要的九堂課

第三部分 快樂、高效地工作

思考與反思

1. 結合授課內容和自己的生活經歷，制定一份自己的個人人生規劃。
2. 你如何看待和理解開放人生十大要素？
3. 結合社會和生活，如何理解求職必備的五大要素？

第八講 工作人際關係

失敗的團隊沒有成功者，成功的團隊成就每一個人！凝聚團隊，聚焦目標，為夢想創造無限可能！

工作人際關係的目標乃是幸福人生、和諧生活、安定社會。建立良好人際關係需從個人品德修養做起，按部就班，再推己及人，擴充於團體之中。在現代所處的環境條件下，人和環境互動。因環境改變，人際關係也會改變，因此人際關係的狀況會受環境影響。在現代社會中，不同的人扮演不同的角色，有不同的功能與態度。人在環境中應先認定自己的角色，再設定適當的人際關係；不同的人際管理所遵循的最基本的規則就是人際關係需按團體規則進行維繫。此規則包含法律、禮節、道德、行為四方面。

一、團隊與團隊精神

你可以讓你的團隊實現騰飛———它所能實現的目標遠不是一群烏合之眾所能實現的。面對一支無所事事或者形如散沙的團隊，你應該從何處下手？怎樣才能將它發展成一支優秀的團隊？怎樣才能培養成員之間的感情？怎樣解決團隊產生的問題？怎樣才能形成並維護團隊的共同意志？怎樣才能與其他團隊友好地合作？

團隊內部、團隊與團隊之間會產生各式各樣的問題。只有把這些問題都處理好，團隊才能得到健康、穩定的發展。你要確定一個大部分人都贊成的共同目標；你要運用簡單有效的方法把一群「烏合之眾」變成一個強有力的團隊；你要在各種角色之間找到一個平衡點，並保證各種關係進展順利；你要努力保持團隊的一致性，並學會共同決策；你要妥善解決衝突，使團隊成

員之間達成一致；你要把目光轉向合作的其他團隊……處理這些問題需要你掌握一些技巧，並在實踐中積累經驗。

（一）構成團隊的條件

如今很多組織都採用團隊的方式來開展工作。這些團隊由若干人組成，彼此間相互依賴，並為組織提供一定的工作成果。但並不是說共同工作或者聯繫緊密的人就可以組成一個團隊。要成為一個團隊必須具備以下五個條件：

（1）團隊的存在是為了達到共同的目標；

（2）團隊的成員為了實現共同的目標而相互依賴和合作；

（3）團隊具有約束力，並且在一定時期內保持穩定；

（4）團隊成員具有管理自己的工作和內部各種流程的權限；

（5）團隊在一個更大的範圍的運作，通常與其他團隊相聯繫。

（二）團隊的優勢

團隊成員在面臨挑戰時能夠相互交流。不同成員之間能夠相互幫助、彌補彼此的不足。這樣的團隊才能具有較強的戰鬥力，從而能夠體現團隊工作的優勢。

相對個人而言，團隊工作的優勢在於：

（1）協作———團隊成員具有共同的目標，團隊完成的工作並不是團隊成員各自工作的簡單疊加；

（2）提高效率———隨著團隊找到最有效的工作方式，工作效率必將隨之提高；

（3）增強團隊使命感———隨著團隊的成熟，團隊成員具有更強的使命感並能相互約束；

（4）充分利用成員的技術與技能———能夠安排團隊成員做他們擅長的工作；

(5) 合理決策———更多的人參與討論並發表意見；

(6) 能較靈活地適應環境的變化———與個人相比，團隊的工作方式能更好地應對變化；

(7) 加強工作的整體協作性———不同成員互相配合完成工作。

(三) 優秀團隊的特徵

著名學者史密斯曾經說過：「所謂團隊是一群具有互補技能、致力於共同目標而在一起工作的人員。」團隊是一群為了達到共同目標而一起工作的人。每一個成員的心中都有相同的目標並為之奮鬥。優秀的團隊都有一些共同的特徵。下面我們對這些特徵進行闡述。

1. 目標明確

優秀的團隊清楚自己要達到的目標。所有的成員都致力於實現團隊的目標。

2. 技能與經驗廣泛

優秀的團隊能夠利用團隊多種多樣的技能完成工作。

3. 相互信任與支持

優秀的團隊中，相互信任的氛圍十分濃厚。正因為如此，團隊成員才會全身心地參與並相互支持，從而實現團隊目標。

4. 交流公開

優秀團隊具備公開的交流機制。每個團隊成員都能透過隨時獲得需要的訊息，彼此間的想法和意見能夠得到充分的交流。

5. 合理利用衝突

優秀團隊十分重視出現的衝突，並能夠以積極的態度對待和利用。

6. 程序透明

優秀團隊中團隊成員對工作方式和方法都非常清楚。團隊工作中，訊息和程序也都是可以公開的。

7. 定期檢查

優秀團隊會定期進行自我檢查以對目標的實現情況進行校正，從失誤中取得教訓。

(四) 團隊精神的作用

團隊精神是大局意識、協作精神和服務精神的集中體現。其核心是協同合作，反映的是個體利益和整體利益的統一，並進而保證組織的高效率運轉。

團隊精神的形成並不要求團隊成員犧牲自我；相反，揮灑個性、發揮特長保證了成員共同完成任務目標，而明確的協作意願和協作方式則產生了真正的內心動力。團隊精神是組織文化的一部分。良好的管理可以透過合適的組織形態將每個人安排至合適的崗位，使團隊充分發揮集體的潛能。如果沒有正確的管理文化，沒有良好的從業心態和奉獻精神，就不會有團隊精神。

1. 目標導向功能

團隊精神能夠使團隊成員齊心協力，擰成一股繩，朝著一個目標努力。對團隊的個人來說，團隊要達到的目標即自己必須努力的方向，從而使團隊的整體目標分解成各個小目標，在每個隊員身上都得到落實。

2. 團結凝聚功能

任何組織都需要一種凝聚力。傳統的管理方法是透過組織自上而下的行政指令，淡化了個人感情和社會心理等方面的需求。團隊精神則透過對群體意識的培養，透過隊員在長期的實踐中形成的習慣、信仰、動機、興趣等，引導人們產生共同的使命感、歸屬感和認同感，逐漸強化團隊精神，產生一種強大的凝聚力。

3. 促進激勵功能

團隊精神要靠每一個隊員自覺地向團隊中最優秀的員工看齊，透過隊員之間正常的競爭達到實現激勵功能的目的。這種激勵不是單純停留在物質的基礎上，而是要能得到團隊的認可，獲得團隊中其他隊員的認可。

4. 實現控制功能

在團隊裡，不僅隊員的個體行為需要控制，群體行為也需要協調。團隊精神所產生的控制功能，是指透過團隊內部所形成的一種觀念的影響，約束、規範、控制團隊的個體行為。這種控制不是自上而下的硬性強制力量，而是由硬性控制轉向軟性內化控制；由控制個人行為，轉向控制個人的意識；由控制個人的短期行為，轉向對其價值觀和長期目標的控制。

（五）團隊精神的影響因素

1. 團隊精神的基礎———揮灑個性

團隊業績從根本上說，首先來自於團隊成員個人的成果，其次來自於集體成果。團隊所依賴的是個體成員因共同貢獻而得到實實在在的集體成果。這裡恰恰不要求團隊成員都犧牲自我去完成同一件事情，而要求團隊成員都發揮自我去做好這一件事情。就是說，提高團隊效率、形成團隊精神的基礎是尊重個人的興趣和成就。設置不同的崗位，選拔不同的人才，給予不同的待遇、培養和肯定，讓每一個成員都擁有特長，都發揮特長。這樣的氛圍越濃厚越好。

2. 團隊精神的核心———協同合作

社會學實驗表明，兩個人以團隊的方式相互協作、優勢互補，其工作績效明顯優於兩個人單幹時績效的總和。團隊精神強調的不僅僅是一般意義上的合作與齊心協力。它要求發揮團隊的優勢，其核心在於大家在工作中加強溝通，利用個性和能力差異，在團結協作中實現優勢互補，發揮積極協同效應，帶來「1+1>2」的效應。因此，共同完成目標任務的保證，就在於團隊成員才能上的互補，在於發揮每個人的特長，並注重流程，使之產生協同效應。

3. 團隊精神的最高境界———團結一致

全體成員的向心力、凝聚力是從鬆散的個人集合走向團隊最重要的代表。在這裡，有一個共同的目標並鼓勵所有成員為之奮鬥固然是重要的，但是，向心力、凝聚力來自於團隊成員自覺的內心動力，來自於共同的價值觀。很難想像在沒有展示自我機會的團隊裡能形成真正的向心力。同時也很難想像，在沒有明確的協作意願和協作方式下能形成真正的凝聚力。

4. 團隊精神的外在形式———奉獻精神

團隊總是有著明確的目標。實現這些目標不可能總是一帆風順的。具有團隊精神的人，總是有一種強烈的責任感，充滿活力和熱情。為了確保完成團隊賦予的使命，他們和同事一起，努力奮鬥、積極進取、創造性地工作。在團隊成員對團隊事務的態度上，團隊精神表現為團隊成員在自己的崗位上「盡心盡力」，「主動」為了整體的和諧而甘當配角，「自願」為團隊的利益放棄自己的私利。

（六）培養團隊精神的途徑

團隊精神日益成為一個重要的團隊文化因素。它要求團隊分工合理，將每個成員放在適合的位置上，使其能夠最大限度地發揮自己的才能，並透過完善的制度、配套的措施，使所有成員形成一個有機的整體，為實現團隊的目標而奮鬥。團隊精神的培養需要從以下幾個方面入手：

1. 明確提出團隊目標

目標是把人們凝聚在一起的力量，是鼓舞人們團結奮鬥的動力，也是督促團隊成員的尺度。要注意用切合實際的目標凝聚人、團結人，調動人的積極性。

2. 健全團隊管理制度

管理工作使人們的行為制度化、規範化。好的團隊都應該有健全、完善的制度規範。如果缺乏有效的制度，就無法形成紀律嚴明、作風過硬的團隊。

3. 創造良好的溝通環境

有效的溝通能及時消除和化解領導與成員之間、各部門之間、成員之間的分歧與矛盾，必須建立良好的溝通環境，以增強團隊凝聚力，減少「內耗」。

4. 尊重每一個人

尊重人是調動人的積極性的重要前提。尊重團隊中的每一個人，使人人都感受到團隊的溫馨。關心成員的工作與生活，將會極大地激發成員獻身事業的決心。

5. 引導成員參與管理

每個成員都有參與管理的慾望和要求。正確引導和鼓勵這種願望，就會使團隊成員積極為團隊發展出謀劃策，貢獻自己的力量與智慧。

6. 增強成員全局觀念

團結出戰鬥力。團隊成員不能計較個人利益和局部利益，要將個人、部門的追求融入團隊的總體目標，才能獲到團隊的最佳整體效益。團隊中成員之間的關係，一定要做到風雨同行、同舟共濟。沒有團隊合作的精神，僅憑一個人的力量無論如何也無法取得理想的工作效果。只有透過集體的力量，充分發揮團隊精神才能使工作做得更出色。

7. 營造相互信任的組織氛圍

有一家知名銀行，將管理者特別放權給自己的中層僱員，讓其一個月儘管去花錢行銷。有人擔心那些人會亂花錢，可事實上，員工並沒有亂花錢，反而維護了許多客戶，其業績成為業內的代表。相比之下，有些管理者，把錢看得很嚴，生怕別人亂花錢，自己卻大手大腳，結果員工在暗中也想盡一切辦法謀一己私利。還有一家經營環保材料的合資企業，總經理的辦公室跟普通員工的一樣，都在一個開放的大廳中，每個普通僱員站起來都能看見總經理在做什麼。員工出去購買日常辦公用品時，除了正常報銷之外，公司還額外支付一些辛苦費。這個舉措杜絕了員工弄虛作假的心思。

在這兩個案例中，我們可以體會到相互信任對組織中每個成員的影響，尤其會增加僱員對組織的情感認可。而從情感上相互信任，是一個組織最堅

實的合作基礎，能給僱員一種安全感。僱員才可能真正認同公司，把公司當成自己的，並以之作為個人發展的舞臺。

8. 態度並不能決定一切

劉備是個非常注重態度的人，三顧茅廬請孔明，與關羽和張飛結成死黨，但最後是一個失敗者。曹操不管態度，唯人是舉，成就大業。因為贏得利潤不僅僅靠態度，更要依靠才能。那些重視態度的管理者一般都是權威感非常重的人。一旦有人挑戰自己的權威，內心就不太舒服。認為態度決定一切的管理者，首先要反思一下自己的用人態度，即在評估一個人的能力時，是不是僅僅考慮了自己的情感需要而沒有顧及僱員的，是不是覺得自己的權威受到了人才的挑戰不能從內心接受。

9. 在組織內慎用懲罰

從心理學的角度，如果要改變一個人的行為，有兩種手段：懲罰和激勵。懲罰導致行為退縮，是消極的、被動的。法律的內在機制就是懲罰。激勵是積極的、主動的，能持續提高效率。適度的懲罰有積極意義，過度懲罰是無效的，濫用懲罰的企業肯定不能長久。懲罰是對僱員的否定。一個經常被否定的僱員，有多少工作熱情也會蕩然無存。僱主的激勵和肯定有利於增加僱員對企業的正面認同，而僱主對僱員的頻繁否定會讓僱員覺得自己對企業沒有用，進而僱員也會否定企業。

10. 建立有效的溝通機制

理解與信任不是一句空話，往往一個小誤會反而給管理帶來無盡的麻煩。有一個僱員要辭職，僱主說：「你不能走啊，你非常出色，之前的做法都是為了鍛鍊你，我就要提拔你了，我還要獎勵你！」可是，僱員卻認為這是一句鬼話。他廢寢忘食地工作，反而沒馬屁精的收入高，讓他如何平靜！一個想重用人才，一個想為企業發揮自己的才能，僅僅因為溝通方式不暢，都很受傷害。我曾經聽到一個高級僱員說：「如果老闆早一點告訴我真相，我就不會離開公司了。」

11. 企業目標的實現需要團隊精神

第三部分 快樂、高效地工作

　　SONY是世界上著名企業，之所以能有今天的巨大成就，與其「家庭式」的管理方法是分不開的。在SONY，每一個員工都被視為大家庭的一分子，每個員工都能夠發表自己獨特的觀點。但是，SONY又強調員工之間要像在一個家庭中生活一樣互相配合、協調。由於公司的每一位員工受到了充分的尊重，因此其才華得到充分的發揮。最後，公司得到了員工們同等的回報———積極工作並對公司忠誠。於是，SONY獲得了巨大的、可持續的事業成功。

　　成功的團隊並非以壓抑個性為代價；相反，成功的團隊十分尊重成員的個性，重視成員的不同想法，真正使每一個成員參與團隊工作，風險共擔，利益共享，相互配合，完成團隊工作目標。

　　團隊精神可以透過各種形式進行倡導，但以制度形式將其固定或者在制度中體現團隊精神的要義則必不可少，以達到二者之間的良性互動。回到本文開頭提到的例子，財務部、辦公室、專賣股的人員所犯的最大錯誤在於，他們只看到了自己在公司中所處的位置。而對客戶而言，他們的一言一行代表公司，他們未能對公司的利益承擔起責任，當然也就損害了企業的對外形象。同時，這也說明了企業在公司管理的制度設計上顯然忽視了人的因素，忽視了團隊精神在制度執行過程中所造成的作用。

　　12. 團隊精神是制度創新的巨大動力

　　人是各種資源中唯一具有能動性的資源。企業的發展必須合理配置人、財、物，而調動人的積極性和創造性是資源配置的核心。團隊精神就是將人的智慧、力量、經驗等資源進行合理的調動，使之產生最大的規模效益即「1+1>2」模式。

　　談及團隊精神，我們往往只認識到團隊精神所體現的凝聚力對企業制度、企業文化的影響力，然而在全球知識經濟和融入國際市場的背景下，我們尤其要認識到團隊精神對企業制度創新的巨大意義。

　　（七）發揮團隊精神的錯誤

我們應該認識到，團隊意識和個人英雄主義是矛盾的對立統一體。團隊意識的強弱決定著團隊的整體戰鬥力。團隊工作是一個系統而整體的工作。加強團隊意識的培養是提高戰鬥力的重要前提。而個人英雄主義也會影響團隊成員工作的主動性和積極性。因此，加強團隊意義的培養，並正確引導成員充分發揮個人英雄主義是提高效率的重要方法，而不是一味強調團隊意義而忽視了個人英雄主義的正確發揮。

1. 提高個人的團隊意識

我們應該明白，只有整個團隊的業績提高了，自己才能更好地發揮潛能。所謂「大河流水小河滿」說的也是這個道理。我們要充分認識到自己離不開團隊，團隊離開不自己，這樣才能形成團隊強大的凝聚力和戰鬥力。

2. 讓員工正確發揚個人英雄主義

上司在工作中要合理授權，給下屬更多發揮的機會。在工作中遇到問題，長官要廣泛採集成員的意見，最大限度地調動成員的創造性思維。透過員工正確地發揚個人英雄主義，提高成員的獨立作戰能力和市場競爭意識。

3. 個人利益永遠服從團隊利益

團隊意識和個人英雄主義是對立統一的，因此二者在特定的條件下會產生一定的衝突和矛盾。如果處理不當，勢必影響團隊的整體戰鬥力。根據團隊利益為上的原則，個人英雄主義必須服從於團隊利益，個人英雄主義的發揚必須以維護團隊利益為前提。若過分強調個人英雄主義，整個團隊就可能成為一盤散沙，變得不堪一擊。

延伸閱讀

一杯咖啡

某跨國公司招募一位銷售助理（秘書）的職位。位置只有一個，但前來面試的人有 200 多個。挑來挑去，好中選優，最後剩下了 5 個女孩。最終的面試開始了。5 個女孩在面試開始前，相互致意表示準備友善地公平競爭。這個場面讓考官們很感動，因為她們都知道，每個人都只有 1/5 的希望。為

了緩解緊張的氣氛，面試官問她們想喝點什麼，請隨便點。有 3 個女孩說要咖啡。當助理拿來了第一杯咖啡時，有一個女孩說：哎呀，這個放糖放奶，我喝咖啡不加糖不加奶。第二個女孩說：我喝加奶但是不加糖的咖啡。第三個女孩說：那給我吧，我無所謂，怎麼樣都行。這個時候正式的面試還沒有開始，但是考官中已經有人在面試評價表上畫掉了前兩個女孩的名字了。

在一個系統完善的公司裡，團隊合作是非常重要的。秘書實際上是一個很基層的位置。這個職位決定了勝任者必須有很強的忍耐力和很強的協調能力。這幾個女孩的專業能力都不錯。她們不僅電腦、英文很好，而且熟知國家相關政策，比如她們用 Excel 計算加班薪資，都能很快地根據加班的日期，確定平時加班、假期加班、週末加班的不同標準並準確地計算出來。而這些標準都來自於勞動法。可見，她們知識的寬度也是很令人滿意的。但是，拒絕第一杯咖啡的那兩個女孩，讓考官無法相信對這樣的小事就這麼挑剔，不易於合作的人能夠無怨言地服務於辦事處的其他員工。

二、待人接物之道

禮者，敬人也。儀即儀式，就是尊重別人的表現形式。禮儀是內在修養的外在表現。禮儀是塑造人的形象藝術。形象就是一個人在日常生活和工作中，留給他人的印象以及獲得的社會評價。待人接物之道是指跟別人往來接觸，與人相處。儒家所倡導的待人接物的處世之道是己所不欲，勿施於人（解釋：對自己不好的事情，不要加壓給別人）。

（一）待人接物的理解

1. 待人———禮為上

對待他人，應尊重、坦誠、寬容，以禮為先。

在延安的時候，毛澤東經常接見來自各地的學者、名流。雖然他們的觀點和共產黨人不盡相同，但他們與毛澤東談話後，都一致稱頌他，其中奧妙就在於毛澤東很尊重別人。毛澤東認為，尊重別人是個原則問題。只有尊重別人，才能團結別人。毛澤東歷來主張共產主義隊伍中的上下級關係是新型的同志式的平等合作關係。無論上級或下級都是「為了一個共同的革命目標，

走到一起來了」的同志。上下級之間，只有職務、分工的不同，而無高低貴賤之分。

待人，要做有顆寬容之心的人。有容人之心，就要既能容人之長，也能容人之過。寬容產生寬容，刻薄產生刻薄。寬容不僅是胸懷，更是一種睿智。在一定程度上，不會寬容別人的人，不配得到別人的寬容。當你寬恕別人的同時，也等於寬恕了自己，因為你已將心中的鬱結解開，換來的是一片安詳、和平與恬靜。容人容事，寬恕別人，善待同事，是一種胸懷之美。胸懷寬廣的基本代表是能夠容得下不順眼的人，聽得進不順耳的話，裝得下不順心的事。對於黨員領導幹部來說，很重要的是要敢於在揭露問題、善待問題中求發展、促和諧。當前，發展面臨的矛盾和困難很多，更需要有一種胸懷之美。要多看別人的長處，多想別人的好處，多護別人的短處，多體諒別人的難處。善於在相互借鑑和幫助中推進發展，善於在發現問題、指出問題中共同發展，善於在與同事共事、謀事中凝聚發展的力量。沒有寬廣的胸懷，就會缺少發展的魅力和張力。

待人，還要有信任。信任是建立良好的同志關係，體現人格力量的紐帶。給予每個人充分的信任，就會使整個群體保持和諧的、進取的精神狀態，產生高度的工作責任感，使他們深藏的智慧得以超常發揮，使潛在的能力變為現實。

待人，還應該信守諾言。對做不到的事情，絕不能許諾。一旦做出決定，就要狠抓落實，兌現承諾。要誠實、坦率，不當面一套、背後一套，切不可在別人面前議論別人。每個人要取信於民。對做錯的事、說錯的話，要敢於承認，及時改正。只有這樣，每個人才能樹立較高的威信。

2. 接物───責為重

對待集體的事情，應強調建章立制，按規定辦事，並勇於承擔責任。

每個人在對待集體的事情方面，首先要勇於承擔責任。責任直接決定一個人的工作績效和生活質量。成功的人都帶著一份責任感做事，把事情儘量做到最好。「藉口」不會出現在有責任心的人的字典中。一個人如果做錯了

事，卻為自己找藉口，即便振振有詞，也只會顯現他的愚蠢和平庸。很多時候，因為肩負責任，想要擁有權力，必須先學會負責，要敢於堅持原則，敢於與不正之風鬥爭到底，甚至要有把自己烏紗帽丟置一邊的勇氣。

每個人在對待集體的事情方面，要做到公正、公平、公道。「民不服吾能，而服吾公。」在許多問題上，下屬最怕不公。不公會導致消極、離心，公則贏得人心。因此，領導者要公平、公正地對待諸如課題、分配、獎懲等問題，要以公正得民心，以身正求公正，努力建立起魚水情深的人際關係。

每個人在對待集體的事情方面，應該一切按規定程序辦，先定制度後辦事，既要堅持原則，又要體恤民情。在工作中，每個人都有可能出現錯誤。碰到這種情況時，要做到對事不對人，做到對事無情，對人有情。對事無情反映了一個人一絲不苟的工作態度，對人有情則反映了一個人善於處理人際關係，有寬廣的心胸。對事認真，對事無情。如下屬有做得不對的地方，就要從講原則的角度出發，該批評的就批評，該處罰的就處罰。這樣既可以做到一視同仁，也能對其他人造成警醒的作用。同時只有對事講原則，才能不破壞規矩和制度。但事情是人做的，對事無情，有可能傷害對方的心，因此，處事又要做到對人有情。要曉之以理，動之以情。既說服對方，又使對方心存好感，不再因為你處事不講情面而記恨你。按制度辦事與講情面，是不可調和的矛盾，關鍵看處理得是否巧妙與恰當。對事不對人，對事要按制度辦事，而對人卻要講情面。如果對事無情，對人也無情，自然會遭到對方的反感，難以達成解決問題的目的。既能堅持制度的嚴肅性，又不傷人的感情，才是一個領導者的高明之處。

（二）常用的待人接物之道

1. 待客態度

應有的態度如下：客人來訪，應起身迎接；要跟訪客問好；鞠躬時眼睛要注視對方；對訪客附上一句「讓您久等了」；記住訪客的基本資料；引導訪客到會客室；不可以貌取人等。

2. 引座技巧

進會客室前先敲門,將訪客帶到會客室後,讓其坐下,因此必須清楚哪裡是上座,哪裡是下座。根據會客室的不同,上、下座也會不一樣,但基本是,靠近入口的座位是下座,靠近裡面的座位是上座。當拜訪其他的公司時,千萬別大模大樣地坐在上座之上,以免給對方留下不好的印象;送茶有一套,應先給訪客敬茶,然後才輪到本公司的職員;倒茶只倒七分滿;電梯也有上下座之分;應確認客人離開後再離去;等客人離去再離開;記得打掃會客室等。

3. 電話應答

左手持聽筒,方便記錄;做好事前準備,講電話不怯場;接電話時,要說聲「您好」;打電話時,必須主動自報姓名;私人電話,應長話短說;電話中途斷線,應主動打過去;電話聲音不清楚,可說「請稍等片刻」,不宜超過一分鐘;電話留言記錄,應該註明清楚;電話鈴聲不應超過三聲;應確認對方的留言;無法決定之事,應請上司前來處理;當事人不在,應儘早告知;當事人外出,應告知回來時間;製作顧客專用名單;對於投訴電話,應妥善處理;留言內容應該詳細;歸納重點,再留言;即使留言也要再確認。

4. 名片交換

交換名片時應先遞出;用雙手遞名片;不認識的字應加以確認;不要將對方的名片置於桌上;對方介紹時,應從下位者開始。

5. 拜訪準備

避免將拜訪時間定在星期一;拜訪前,應打電話再次確認;進行拜訪不宜遲到;禮貌要周到;在對方的會客室,應坐在下座;不要將公事包放在會客室桌上;嚴禁與同行者閒聊;寒暄問好,應面帶笑容;進行拜訪,應詢問對方意見;整理儀容,歡喜做客;拜訪友人,須事先約好;進行拜訪,應避開用餐時間;訪問時,應將大衣脫掉;按對講機,不宜太多次;寒暄應儘量簡短;鞋子不要隨意亂扔;坐著時不要蹺起二郎腿。

6. 上班禮儀

上班服裝應得體；被上司叫去時，記得帶記事本；應在限期內完成上司指示工作；因故遲到要事先告知；約會若延遲，要打電話通知；隨時報告工作進度。

7. 餐宴禮儀

婚宴席上要注意分寸；用餐速度要一致；不要只顧著用餐；參加葬禮，不應遲到；嘴含著食物，儘量不要說話；參加聚會，應與他人多交談；先喝茶再吃點心；道別時，寒暄語應簡短；用餐禮儀要注意，因為餐桌上的禮儀就是為與他人一起用餐而制定的規則，以避免帶給同席者及餐廳裡的人不快感，使大家能一起高高興興地吃飯；喝葡萄酒時，不宜握著杯身；用餐時，要求舉止優雅；對應不同的餐，喝不同的酒；使用餐具，應由外而內；餐巾，應在食物送上來時再攤開；餐具落在地上，不要親自拾起；喝湯時，湯匙由內向外舀；麵包撕成碎塊再入口；開始切肉，應從左邊開始；吃魚時，先剔除骨頭；尚在用餐，刀叉應擺成八字形；不要用筷子攪菜；用左手按住湯碗即能揭開；吃生魚片時，要用碟子接住；吃烤香魚時，先剔除骨頭；離入口近的是下座，遠的是上座；夾菜時，要留心是否也有其他人取用；夾菜要適量等。

延伸閱讀

職業操守———僱員風險的隱藏炸彈

日前，某人力仲介公司剛剛完成一個很具代表性的案例。透過此次案例的調查，我們感嘆僅僅憑藉面試，並不足以全面瞭解一名候選人的全部訊息。僅僅憑藉人事部門（Human Resource，HR）的證言，也並不能真實反映一名員工的真實離職原因。

候選人李先生曾在一家知名電信網路公司擔任商務拓展專員，根據簡歷，他在任職期間，曾多次成功洽談大型項目且獲得過集團新人獎，有豐富的組織活動經驗和商務談判經驗。離職後，他已經在目前應聘的單位透過了前後兩輪的面試。雙方印象都非常的良好，尤其是人事部門非常看重候選人的商

第八講 工作人際關係

務談判能力和活動組織能力。在入職前，候選人也欣然同意接受了背景調查。新公司委託人力仲介公司就候選人的教育、專業和工作背景進行調查核實。

在核實候選人工作履歷的過程中，我們按照慣例首先聯繫到原僱主單位的HR，核實了候選人的就職期間和職銜。HR表示，他因個人原因主動離職。根據績效考評結果，候選人的工作表現也屬於優異。

然後，我們聯繫到其部門同事黃小姐，黃小姐告知了候選人的職銜、管理人員及薪酬情況，對候選人的工作態度以及工作能力也都給予了肯定，也對候選人給出了很高的評價。唯獨表示因負責區域不同，她只能確認候選人李先生參與的兩個項目，對於其他項目的具體情況未能進行確認，並且對於集團新人獎項一事因時間久遠無法給予確認。對於離職原因，她也給出了和人力資源部門同樣的答案。

按照正常情況，大多數的人都認為截至此時，調查應該可以宣告完成。透過HR和同部門同事的兩項證詞，基本可以確定候選人是一名工作表現優異、基本資料均符合的優秀員工。再結合面試時候選人的優異表現和用人部門對候選人的良好印象，候選人入職基本上是可以確定的事情了。可是，就在此時，仲介公司進行的最後一步調查卻發現了重大的問題。

按照仲介公司對僱員調查的基本要求，我們透過多方努力，聯繫到候選人上級長官部門經理王先生。王總卻給出了另外的說法：確實參與了多項大型項目。除黃小姐證明的兩個項目外，其餘簡歷中提及的幾個項目的主要負責人均為部門經理，候選人僅僅參與、配合和執行了工作，並非主要負責，獨立完成更談不上。同時，候選人的離職原因也另有隱情，屬於公司勸辭，但為了不影響候選人將來的求職道路，同時也給候選人一次改過的機會，具體原因僅有公司領導層有限的幾個人知曉。具體情況是：候選人在舉辦各類推廣活動中，多次私吞項目的獎品和獎金。對個別項目，甚至將獎品和獎金全部私吞。對於預備贈送客戶的各項活動的門票，候選人也會拿到網上低價販售從中牟利。公司在發現候選人的不良行為後，曾對其進行過警告，候選人也表示悔過。因看好候選人的發展潛力，候選人也比較年輕，最後公司曾決定保留候選人的職位，給候選人一次改過自新的機會，讓候選人遠離金錢

第三部分 快樂、高效地工作

環節。可是公司後期又接到某項目參賽選手在比賽後未收到獎品的投訴。這暴露了候選人李先生第二次的不良行為，並且嚴重損害了公司的形象，情節嚴重。公司本欲開除，鑒於該候選人年紀尚輕，且工作能力不錯，故勸其主動辭職。並且在公司內部也就離職原因進行了保密。

在得知此訊息後，我們為了確保訊息的客觀真實，又聯繫到了候選人的另一上級領導部門經理萬先生。經確認，萬先生對候選人的評價同王總一致。

至此，調查告一段落。該候選人的工作能力確實不錯，但是多次私吞獎金和獎品，其職業操守和職業道德有待改善，因此，企業僱傭時切記慎重！

【案例分析】

人力仲介公司專家觀點：全面、客觀、真實的訊息才能為企業招聘提供有價值的參考意見。僅僅透過 HR 和同部門同事的訪問很難得到全面的訊息，尤其是某些「汙點」訊息僅僅掌握在少數管理層的手中，因此透過多方面的調查尤為重要。並且當出現了訊息有所出入的情況時，更需要深入地瞭解，不要冤枉也絕不姑息每一個員工！既要對企業自身負責，也要對候選人負責。

人力仲介公司意見：

（1）在招聘面試的過程中，僅僅透過面試並不足以全面瞭解候選人的訊息，尤其在職業操守和職業道德上。員工的職業操守需要在工作中一步步去體現，但這樣的風險實在太大。以候選人李先生的情況來看，如果不做背景調查，那麼候選人這種不良的職業操守給企業帶來的風險有可能會被無限地放大。不僅僅是金錢和名譽的損失，甚至有可能給企業帶來法律上的風險。

（2）無論是企業自己調查，還是委託第三方機構調查，一定要採用多方面的調查方式。採訪 HR 部門、原任職部門同事、上級長官或下屬等。一定儘可能多地採集樣本數。某些真實的情況可能僅掌握在有限人的手中。只有多方面的調查，才可能將風險降到最低。調查到的訊息也才可能最真實。

（3）對於不同的聲音，一定要深入瞭解。獲取事情的原委才能夠挖掘事情的真相，才能真正地做到對企業和候選人雙方均負責。

三、職業道德操守

職業道德的主要內容包括：愛崗敬業，誠實守信，辦事公道，服務群眾，奉獻社會。職業道德以「誠信」為核心和重要基礎。

（一）職業道德含義

在現代社會中，職業道德至關重要。我們一般理解的職業道德包括八個方面的特點：

（1）職業道德是一種職業規範，受社會的普遍認可。

（2）職業道德是長期以來自然形成的。

（3）職業道德沒有確定形式，通常體現為觀念、習慣、信念等。

（4）職業道德依靠文化、內心信念和習慣，透過員工的自律實現。

（5）職業道德大多沒有實質的約束力和強制力。

（6）職業道德的主要內容是對員工義務的要求。

（7）職業道德標準多元化，代表了不同企業可能具有不同的價值觀

（8）職業道德承載著企業文化和凝聚力，影響深遠。每個從業人員，不論從事哪種職業，在職業活動中都要遵守道德。

（二）常見的職業道德分析

1. 誠實守信

忠誠所屬企業；隨時隨地維護企業的榮譽；保守企業秘密；尊重上司；恪守信用（信守時間約定；信守承諾；嚴格履行合約；滿懷感恩之心等）。

2. 團隊協作

參與和分享；平等與尊重；一切從大局出發；相互信任；工作之間相互溝通；集體利益為上。

3. 愛崗敬業

第三部分 快樂、高效地工作

正確看待薪水；工作自覺主動；努力提高工作績效（帶著激情投入工作；以勤補拙；比別人多付出；高效分配時間等）。

4. 承擔責任

在其位，謀其事；從自身找原因；不推卸責任；勇於承擔責任；重視自己的工作；幹大事，從幹小事開始；堅決執行；馬上處理長官安排的事；第一時間回覆，國際慣例四小時覆命制；服從第一，100%地接受；沒有任何藉口，不要拖延。

5. 開拓創新

唯有創新才能不斷前進；打破一切常規；培養和運用創造性思維（問題不只有一個正確答案；不怕犯錯誤；主動適應變化；用心觀察，創意就在你身邊）。

6. 創新策略

獨創；綜合；借鑑；嫁接；交配；轉移。

7. 文明禮貌

儀表端莊；語言要規範；舉止得體；待人熱情。

8. 辦事公道

堅持真理；公私分明；公平公正；光明磊落。

9. 遵紀守法

學法、知法，增強法制意識，認真學習相關法律；要有針對性地學習與自己的職業相關的法律法規；遵紀守法；遵守職業紀律和規範。

一個沒有團隊精神的組織，將是一盤散沙。一個沒有團隊精神的民族，將會難以強大。時代的列車行駛到21世紀，世界舞臺上少了戰場上的硝煙，多了商場上的競爭。這是一個追求個人價值實現的時代，一個追求個人價值實現與團隊績效雙贏的時代。個人單打獨鬥的時代已經遠去，團隊合作的時代已然到來。我們需要的是團隊精神，也要有職業道德和職業操守。任何一

個職業需要有職業道德和職業操守：忠誠、責任、勤奮、行動、節約增效和自我完善。

思考與反思

1. 作為一個職業人，如何理解職業道德和職業操守？
2. 作為一個職業人，如何把團隊精神應用到職業實處？

第九講 積極追求成功

只有具備真才實學，既瞭解自己的力量又善於適當而謹慎地使用自己力量的人，才能在世俗事務中獲得成功。

一、認識職場

社會中的政治和經濟密不可分。在職場中職場政治和個人能力同樣密不可分。職場的精英們個個有能力，懂政治。個人能力表現為時間掌控能力、知識水平、現場問題解決能力。職場政治能力表現為判斷自身所處環境的能力以及創造利於自己的條件的能力。

真正的職場精英可以做到三件事：我知道該做什麼，我知道該怎麼做，我有時間去做。那麼對於初入職場的新人，這三個步驟是相反的：我先知道有時間去做的事情，我才知道該怎麼做，然後我才能知道這件事情該不該做。職場新人需要依次掌握的四個本領：時間管理能力、問題分析能力、判斷能力、執行能力。

步入職場後，每個人都需要確定自己的職業，找到適合自己的工作，在工作中，享受快樂，獲得認可，實現自我的價值。可是，這並不容易。根據統計顯示，2000年以來，亞洲各國大學畢業生的數量逐年大幅上漲，就業壓力可謂不小。而已在職場的人們，也不一定安心於此。除去職業本身不談，「不跳幾次就是失敗的人生」成了一部分人跳槽的理由。

（一）認清自己尤為重要

第三部分 快樂、高效地工作

因為人在一生中會扮演多種角色，如孩子、丈夫（或妻子）、父親（或母親）、消費者、病人、主人、客人……職場中職業角色就是其中之一。角色與角色之間互相交錯，互相影響，促進或制約著人們的職業生涯。在不同時期，每個人扮演的角色不同，每個角色的份量也不盡相同。根據心理學界著名的 Super 理論，人的生活範圍可分為五個時期，組成人生的「大循環」。

（1）成長期：4~13 歲，表現為對未來的關注，能夠獲得良好工作能力的習慣和態度。

（2）探索期：14~24 歲，表現為明確，確定和執行自己的職業選擇。

（3）建立事業期：25~44 歲，表現為穩定，鞏固和進一步發展自己的事業。

（4）維持事業期：45~65 歲，表現為堅持，維持良好的狀態，革新和提拔下一代。

（5）離開工作期：65 歲以上，表現為工作遞減至退休。

如果一個人處於探索期，學生的角色顯然比職員的角色重要；而處於建立事業期，結果正好相反。當然，角色的取捨與選擇一定要因人而異。對於全職主婦而言，雖然處於建立事業期，但是妻子和母親的角色更重要一些，因此她選擇了家庭。

職場面對兩難選擇時，可分析不同角色孰重孰輕，選擇對你相對重要的那一個，問題即刻解決。

（二）選擇匹配的職場環境

美國國家生涯發展協會首位亞裔主席 Barry Chung 教授指出，「個人的適應問題會影響他的職業生涯。」適應的前提是瞭解，既瞭解自己，也要瞭解對方。Barry 教授介紹了著名的 Holland 理論，即特質因素論。他將人格分為六種類型，分別為：

（1）現實型（Realistic）：動手能力強，幼年時表現為喜歡拆裝物品；

（2）研究型（Investigative）：凡事願意探求真相，科學家多是此種類型；

（3）藝術型（Artistic）：具有藝術天賦，如寫作、唱歌、跳舞等，或者喜歡欣賞藝術作品；

（4）社交型（Social）：喜歡與人產生互動，願意教育別人，如教師、諮詢師等；

（5）事業型（Enterprising）：也叫冒險型，有強烈的使命感，喜歡從事對人產生影響的工作，如政治、商務類；

（6）傳統型（Conventional）：不喜歡創造性的工作，做事一絲不苟，多從事會計等行業。

同時，環境是由人格形成的。根據人格類型，環境也相應分為以上六種類型。每個人都有幾種取向，有的強，有的弱，具有一種或多種類型特徵。職場環境相對複雜，並不侷限於一種人格類型，只要你針對職場環境的需要，找到自身特質與職場環境的交集，並不斷強化和發揚，將會提高與職場環境的匹配度，增強一致性。

年輕人求職遇到困難時，可先求助專業的心理諮詢師進行自我測試，再與目標環境對照，查看匹配度。職場中的人士也可採用這種方法，尋找自身的最佳發展方向，變迷茫為主動。

總之，求職、跳槽、升職、刷薪……今天的職場人或早或晚都會經歷這些職場變化，而隱藏在這些狀況之下的關鍵詞卻是「職業生涯發展」。掌握一些職業生涯規劃的方法或尋求心理諮詢師的幫助，職場人會多從內歸因的角度，明確自己的人生目標，從而科學地規劃自己的職業方向與職業生涯，從容地向目標進發。

延伸閱讀

職場感悟

1. 職場時間管理十招

第三部分 快樂、高效地工作

(1) 每週做回顧並制訂下周計劃；

(2) 嚴格自律；

(3) 把時間花在有成果的行為和對話；

(4) 為突發狀況預留時間；

(5) 每天先花半小時制訂當天計劃；

(6) 做事前花 5 分鐘確認想要結果。

(7) 完成重要工作時排除一切外部干擾；

(8) 別忙著接電話回郵件，除非是 VIP；

(9) 屏蔽社交網站；

(10) 你不是超人，不可能完成所有事。

2. 職場的「八七五六三二一」

(1) 最重要的八個字：我承認我犯過錯誤；

(2) 最重要的七個字：你幹了一件好事；

(3) 最重要的六個字：您的看法如何；

(4) 最重要的五個字：我們一起幹；

(5) 最重要的四個字：不妨試試；

(6) 最重要的三個字：謝謝您；

(7) 最重要的兩個字：我們；

(8) 最重要的一個字：您。

3. 曾國藩職場經典

(1) 討人嫌，離不得個驕字；

(2) 胸懷廣大，須從平淡二字用功；

（3）無實而享大名者必有奇禍；

（4）不可輕率評譏古人；

（5）先靜之，再思之，五六分把握即做之；

（6）男兒自立，必須有倔強之氣；

（7）困心橫慮，正是磨煉英雄之時；

（8）功不獨居，過不推諉。

4. CEO 必備能力

（1）《西遊記》中唐僧本無本事，只是有西天取經的堅定信念和降服徒弟的能力；

（2）《水滸傳》中宋江本無本事，只是有堅定被招安的信念和籠絡人心的能力；

（3）《三國演義》中劉備本無本事，只是有堅定當天子的信念和蒐羅愛將的能力。

5. 做 CEO 的必備良藥

堅定的信念和聚攏團隊的能力。

6. CEO 身邊必須有的 10 個人

（1）恩人，給你知識；

（2）敵人，幫你清醒；

（3）友人，與你攜手；

（4）親人，伴你遠行；

（5）貴人，強你力量；

（6）能人，治你毛病；

（7）小人，使你謹慎；

第三部分 快樂、高效地工作

(8) 愛人，送你春風；

(9) 賢人，解你迷津；

(10) 眾人，助你成功。

二、大學生在求職中的定位錯誤

大學生在求職中的定位準確，就會持久地發展自己。很多人事業上發展不順利不是因為能力不夠，而是選擇了並不適合自己的工作。很多人並沒有認真地思考一下「我是誰」「我適合做什麼」，也因為不清楚自己要什麼，而無法體會如願以償的感覺。定位準確，善用自己的資源。大學畢業生就業的核心問題是定位。職業定位是過程，不是結果。因此當代大學生在求職擇業過程中的職業定位錯誤主要有：

（一）盲目跟風，輕棄優勢

一些大學生對自己沒有準確的定位，往往不顧主、客觀條件，盲目追求高薪資、高福利的理想工作和熱門職業。由於沒有考慮到自身條件、職業特點和用人單位的要求，同時也不清楚自己是否適合這個職位，是否與自己的職業目標、人生規劃相一致，結果造成多人爭奪獨木橋的「扎堆」現象，理想目標可望而不可及。這既影響成功擇業又浪費了自己的優勢。

（二）自以為是，行而不遠

由於近年就業壓力的增大，一些大學生職業定位想當然。有的一進大學就準備「考研究所」，在校與放假期間大部分時間都在念書，很少考慮工作的事情，連社團活動也不參加；有的脫離自己的實際而盲目地考證照或參加補習，以此來增加就業「籌碼」；有的將自己的興趣視為職業能力，依賴「興趣」來確定求職的坐標，等拿到職位才發現自己並不適合那個職位等。這些想當然的定位，一旦被變化的現實衝散，不但沒能實現自己原來的理想，反而距理想的目標越來越遠。

（三）缺乏主見，見異思遷

不少大學生在定位上容易受社會上一些興論、親朋好友的影響。他們擇業缺乏獨立的決斷力，關鍵時刻沒有主見，往往過分看重別人的意見而輕易放棄原來適合自己的工作崗位，沒有按照自己定位的方向發展。專業特長得不到發揮，職業定位形同虛設。

（四）漫無目的，錯失良機

一些大學生求職時，喜好「見一家愛一家」。他們今天認為這個單位待遇不錯，明天又覺得那個單位有利於自己發展，漫天撒網投送簡歷。有的還向同一家單位同時申請多個職位，最後在多個單位與多個職位中難以取捨，高不成低不就，喪失就業機會。我們從小就知道小貓釣魚的故事：一只小貓在河邊釣魚，一會它看到蜻蜓飛過來了，就跑去捉蜻蜓。看見蝴蝶過來，又去捉蝴蝶。結果什麼都沒捉到，魚也沒釣到。然而現在，我們驚奇地發現我們成為了故事的主角。

（五）目標迷離，瞎子摸象

一些大學生不滿足於現狀，想有所作為。但是，職業知識的缺乏導致就業目標與方向的模糊、不穩定。有的學生也很好學，但不知道自己應該學什麼，常是什麼時髦學什麼，什麼流行學什麼；有的求職時到處投放履歷，甚至發給誰了都不知道；有的抱著「先就業再擇業」的想法找工作，結果隨便進了一個不喜歡的行業，工作不久想跳槽到自己喜歡的行業卻無能為力，痛惜往日；還有的學生求學階段目標缺失，惰性十足，畢業時學無所成，求職屢屢碰壁。

（六）缺乏自信，妄自菲薄

一些大學生自身存在強烈的自卑感和失落感，導致他們對自己評價過低，低估自己的知識和能力水平，看不到自己的優勢，覺得自己沒有資格或能力去從事一份更好的職業。在擇業中，有的悲觀失望、抑鬱孤僻，覺得自己事事不如他人，不敢參與就業市場競爭；有的怕吃苦，怕失敗，不願承擔新的或是更多責任的工作，自甘平庸；有的缺乏自信，過於拘謹，優柔寡斷，不能向用人單位充分展示自己的潛能，從而錯失良機。

（七）急功近利，好高騖遠

一些大學生並不瞭解企業，對自己的職業傾向缺乏準確的判斷，往往急功近利，過高估價自己，過分強調職業的社會地位。有的不是嫌這個工作不理想，就是嫌那個薪酬太低，高難成，低不就；有的自我定位很高，希望在未來的工作中做出一番事業，但往往缺乏艱苦奮鬥的心理準備，缺乏腳踏實地的敬業精神，不能從小事做起，不能從底層做起，不能從現在做起。

（八）急於求成，一步到位

一些大學生「寧當鳳尾，不為雞首」，希望「一次定位，終身受益」，從此捧定金飯碗，到頭來卻事與願違。

（九）害怕失敗，不敢突破

很多大學生，剛剛走馬上任，不敢有太多的大動作，總感覺自己還太年輕，經驗不夠，不敢參與公司的創意等。

三、正確認識成功與成就

成功的路上沒有捷徑。古往今來，許多人都取得了成功。隨之，也有不少人與成功失之交臂。可見，成功不是想得就得的。成功乃是把事情做成，達到目標，或自我價值得到別人的承認，有「心想事成」的意味。「事」成了不一定意味著美好，不成功也不一定意味著不好。成就值得我們用一生去追求，因為追求成就的過程就是一個製造快樂與幸福的過程。成就是創造的果實。它一定與生活的目的有關，一定與人的幸福關聯，也一定是心裡離功利很遠很遠的慾念。

成功和成就的區別：你的事做成了，那是成功；但是只有當你獲得的成功能夠造福大家的時候，才是成就。你的目標達到了就算成功，但是只有當你的目標和達到目標的手段合乎公義、形成公益、得到公認的時候，才算成就。

（一）性格決定命運，性格決定你一生是否能成功

第九講 積極追求成功

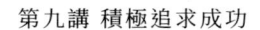

性格決定命運，不是說什麼樣的性格就一定會擁有成功的人生，不是絕對的，但是性格將決定你遇到什麼樣的人，遇到什麼樣的事。佛語中有一句話———你覺得身邊的人都是好人，那麼你也將遇見好的人、好的事。只要求得到而不付出，那人生之路將充滿艱險。

本書列出以下 15 種性格，你能從這些性格看出自己的不足。人大多不是擁有單一性格，而是兼有幾種不同性格，想成功就要認清自己，克制自己。

1. 知足

只要有吃有穿，腹飽體暖，就感到滿足。這種人對生活沒有一點欲求，怎麼會創造富有與成功呢。

2. 自滿

自己的總是最好的，甚至認為自己應該成為別人效仿的標準。這種人不屑與外界來往。他們根本不知道社會進步到什麼程度，怎麼可能有更高的追求呢。

3. 保守

這種人的生活全憑過去的經驗。沒人走過的路他不敢走，沒人做過的事他不敢做。這種人也許早已經看到自己的現狀不如別人，甚至差得很遠。

4. 怯懦

保守性格的人具有怯懦的因素，但這裡所指的怯懦是另一種人。這種人主要的特點不是戀舊，而是膽小，總是怕這怕那。但哪一種成功不冒風險呢？

5. 懶惰

一是身體懶惰，二是大腦懶惰。身體懶惰的人光想不做，大腦懶惰的人光做不想。身體懶惰的人每次想的都是不同的問題，說不定還會有些新的思想和念頭，但什麼都不幹；大腦懶惰的人一輩子幹的都是同樣的工作，但從來不考慮改變什麼。這兩種懶惰一般很少出現在一個人身上，因為身體和大腦同時懶惰，結局只有死亡。

第三部分 快樂、高效地工作

6. 孤僻

賺錢就是把別人的錢變成自己的錢。不與他人打交道的人，怎麼可能賺到錢呢？

7. 自以為是

自以為是的人，一般都處理不好與周圍人的關係。與人處不好關係，就不能形成長久的合作。與人合作不好，怎麼能成大事？

8. 狹隘

一是心胸狹隘，二是視野狹隘，三是知識結構狹隘。狹隘的人一般都有嚴重的自戀情結。這種性格的人，也是很難與人和社會相處的，並且最容易傷害人，是天生的失敗者。

9. 自私

不想奉獻，只想佔便宜。這種人最終不會獲得成功和財富，而只能擁有自己———形影相弔，顧影自憐。

10. 驕傲

有一點成績就忘乎所以。這種人也許會成功，但很快又會喪失他獲得的一切，這種人最容易犯錯誤。每個錯誤都是他失敗的積累。這種人的心理最脆弱，既經不起成功的喜悅，又經不起失敗的打擊。

11. 狂妄

這種人在哪兒都不受歡迎。儘管他的口氣很大，能力也許很強，但是一定會招來周圍的人群起而攻之，以致丟盔卸甲，兵敗烏江，最終一無所有，成為可笑的唐·吉訶德。

12. 消極

消極的人往往給人一種不慕名利的虛假印象，但其實是極度消極的心態。什麼都不想，什麼也不去做。即使有再強的能力，終生也將一事無成。更可

怕的是他卻自認為很聰明，什麼都能看透，因而看不起別人。他最容易老，晚景也最淒涼，因為他能敏銳地感受貧困和失敗。

13. 輕信

容易輕信的人，往往給人一種有品格有修養的錯覺，其實輕信是他的人性弱點。比如輕信朋友、下屬、合作對象；輕信自己的智慧、知識；輕信權力、機遇、經驗……甚至有人輕信神靈……要知道，做生意賺錢是一種個人目的非常明確的事，也是一種以利益為根本的事，同時又是冒風險的事。因此，輕信的性格最容易把利益拱手讓給他人，或把成功交給失誤。

14. 多疑

輕信的另一面是過分的多疑，這是商家之大忌。多疑的最大特點是把能夠幫助自己的力量冷落在一邊，從而形成孤軍奮戰的艱苦局面，以致成功離自己越來越遙遠。

15. 衝動

衝動的人往往多情。一衝動起來就隨便許諾，信口開河。但許諾不能兌現，會極大地損害自己的信譽；而一旦輕率地泄露了自己的經營秘密，別人就會乘虛而入。衝動還有一個缺點———輕易做決策。這種輕率的行為本身，很可能就是失敗，因此根本不需要等到結局發生。

以上15種性格，不論你是否具有以上所有缺點，但瞭解總不是壞事，因為迴避惡習是每個人的責任。

（二）成功人士的七個習慣

習慣對我們的生活有絕對影響，因為它是一貫的，在不知不覺中，經年累月地影響著我們的品德，暴露出我們的本性，左右著我們的成敗。

在現代社會，要想做一名成功人士，創造卓越的成就，就必須從培養良好的個人習慣入手。每個人在日常生活中都有各種各樣的習慣。如果單從表面來看，它是一件小事，不引人注意，但是很多人失敗就失敗在不良習慣上。

幸福人生 重要的九堂課

第三部分 快樂、高效地工作

美國成功學大師拿破崙·希爾說：「習慣能夠成就一個人，也能夠摧毀一個人。」為了幫助有志於成功的人士提高效率，更加完善自己，概括了成功人士的七大做事習慣：

1. 主動積極———個人願景的原則

主動積極就是對自己過去、現在及未來的行為負責，並依據原則及價值觀，而不是情緒或外在環境的影響決定取捨。主動積極的人是改變的催生者。他們揚棄被動的受害者角色，不怨恨別人，發揮了人類四項獨特的稟賦———自覺、良知、想像力和自主意志，同時以由內而外的方式來改變，積極面對一切。他們選擇豐富自己的生命，這也是每個人最基本的決定。

2. 以終為始———自我領導的原則

意識決定存在。所有事物都要經過兩次創造：先是在腦海裡形成意識，然後才是實質的創造。個人、家庭、團隊和組織在制訂任何計劃時，均先擬出願景和目標，並據此塑造未來，全心投注於自己最重視的原則、價值觀、關係及目標之上。對個人、家庭或組織而言，使命宣言可說是願景的最高形式。它是主要的決策，主宰了所有其他的決定。領導工作的核心，就是在共同的使命、願景和價值觀之後，凝聚力量並鎖定目標，實現目標並創造出一個優秀的組織文化。

3. 要事第一———自我管理的原則

要事第一即實質的創造，是夢想（目標、願景、價值觀及要事處理順序）的組織與實踐。次要的事不必擺在第一，要事也不能放在第二。無論迫切性如何，個人與組織均針對要事而來，忙要忙得有意義。重點是把自己想要、最值得去做的要事放在第一位。要事第一，可以幫助你有效地管理時間，提高工作效率，並正確地指引方向。

4. 雙贏思維———人際領導的原則

雙贏思維是一種基於互敬，尋求互惠互利的思考框架與意願，為獲得更豐富的機會、財富及資源的思維，而不是基於資源不足的敵對式競爭。雙贏既非損人利己（贏輸），也非損己利人（輸贏）。我們的工作夥伴及家庭成

員要從相互依存的角度來思考解決方案（我們，而非我）。雙贏思維鼓勵我們解決問題，並協助個人找到互惠互利的解決辦法，促進資源訊息、力量、認可及報酬等資源分享。

5. 知彼解己———同理心交流的原則

當我們捨棄回答心，改以瞭解心去聆聽別人，便能開啟真正的溝通，改善關係。對方獲得瞭解後，會覺得受到尊重與認可，進而卸下內心的防備，坦然交流，雙方對彼此的瞭解也就更流暢自然。知彼需要仁慈心，解己需要勇氣，能平衡兩者，則可大幅提升溝通的能力和效率。

6. 統合綜效———創造性合作的原則

統合綜效談的是創造第三種選擇。既非按照我的方式，也非你的方式，而是第三種遠勝過個人之見的辦法。它是互相尊重的成果———不但是瞭解彼此，而且是稱許彼此的歧異，欣賞對方解決問題及掌握機會的手法。個人的力量是團隊和家庭統合綜效的基礎，能使整體獲得一加一大於二的效應。實踐統合綜效的人際關係和團隊會揚棄敵對的態度（1+1=1/2），不以妥協為目標（1+1=1.5），也不僅止於合作（1+1=2）。他們要的是創造式的合作（1+1=3 或更多）。

7. 不斷更新———自我成長的原則

不斷更新就是如何在四個基本生活面向（生理、社會情感、心智及心靈）中，不斷更新自己，提升自己。這個習慣提升了其他六個習慣的實施效率。對組織而言，習慣七提供了戰略、流程及運營平臺的持續改善，使組織不至呈現老化及疲態，並邁向新的成長之路。對家庭而言，習慣七透過固定的個人及家庭活動，使家庭效能升級，就像建立傳統，使家庭日新月異。

優秀是一種習慣。因為思想決定行動，行動決定習慣，習慣決定品德，品德決定命運。因為你越是主動積極，就越能以終為始地掌握人生方向，堅持要事第一的原則，有效管理人生，能夠不斷勉勵自己，不斷更新。與時俱進的人懂得如何知彼解己，不斷地自我增值，並找尋圓滿的雙贏思維、統合

幸福人生 重要的九堂課

第三部分快樂、高效地工作

綜效的解決之道，在自我發展、完善的同時，為親朋好友、公司、社會創造價值。

　　成功不僅僅需要堅持不懈的努力，還需要有一定會成功的信念與信心。這是我們決定我們是否能夠成功的關鍵因素。如果我們不堅信自己會成功，一直對自己沒有信心那就永遠不會成功，因為成功需要信念。如果我們在努力奮鬥時有人在旁邊支持我們那就更好了。親人和朋友的支持會讓我們更加努力地奮鬥，會使我們向成功邁進一大步。

延伸閱讀

網友與成功人士對話

　　網友問：您的成功可複製嗎？

　　官員答：成功個屁？二十多年沒升過官，只幹了點屁大的事，或者說是盡義務該幹的事，都不是自己的事。有些創新和改革也得益於政策環境從計劃向市場的轉化。我從不認為自己是成功人士，只是一個努力承擔責任的戰士。

　　商界人士：成功是因為你被愛。無論你多成功，都是從不斷的失敗開始；無論你多快樂，都是從你曾經的痛苦開始；無論你多富裕，都是從貧困開始。無論我們前行的過程中遭受過種種磨難，但是能夠走向成功，是因為被愛。每一步關鍵的時候，真正幫助你的人出現了。沒有無緣無故的成功，命運的垂青，除了自身努力，更大因素是因為你被愛。

　　商業協會會長：成大事者境界高。成大事者，境界一定是越來越高，身段一定是越來越低。做人真善美，做事穩準狠。有兩種反面教材，一種是做人真善美，做事拖後腿；一種是做人假醜惡，做事穩準狠。前一種的悲劇在於誤事誤人，且一遇到「會武術的流氓」就束手無策；後一種的悲劇在於害人害己，成功了也被人鄙視，甚至被自己內心鄙視。

四、品味人生百態，樂享生活

「人生一世，草木一秋。」作為人來到這個世界上是我們最幸運的一件事情，因為我們是以人的形態存在於世的，而不是以一粒沙、一株草。而以人的形態出現在世界上，帶給我們最大的樂趣，就是我們可以最大限度地享受周圍一切生命形態帶給我們的欣喜。這欣喜包括花的綻放、草的萌動、鳥的鳴唱以及人本身所營造出來的千姿百態的生活。在秋日的陽光下慵懶地伸個懶腰，然後仰面朝天，閉上雙眼，細細品味來自大自然的生命氣息！

既然生命給予了我們如此大的恩惠，那麼我們就不能辜負它的美意。因此無論生活給予了我們什麼，我們都應該以豁達的心胸去接納。歡喜也好，憂傷也罷。終究是彙集百態人生不可或缺的元素。而我們要做的就是好好地感悟生活，好好地享受自然。

說起享受自然，我想很多人會說，沒有時間，沒有精力。快節奏的生活使得我們每天忙忙碌碌。難道你就不擔心自己的身體，有朝一日會被這忙碌的生活磨成一艘老去的木船？沒有追求，沒有灑脫，甚至沒有兒女情長。那樣的話，真是可怕。但還好，還有很多很多大自然的饋贈品經過人類的智慧打造，走進了我們的生活，使得我們在忙碌中也能夠享受到來自大自然的力量，因為講究天人合一是我們自古以來的追求。

五、學會忍耐，樂享生活

如今，不耐煩幾乎成了人們的通病。等公交車遲遲不來我們會煩，瀏覽網頁速度稍微慢點我們會煩，打電話對方接電話遲了點，我們還是煩，最後心煩意亂。殊不知，任何時候，學會忍耐都是重要的人生一課。

成功基於自信。自信是生命的脊樑。擁有了自信，你將在一切挫折面前永不言敗。自信是天使的翅膀，讓我們在生活中自由地飛翔。自信是一種智慧，讓我們在成功與失敗的夾縫中傲雪凌霜。

就算學習能力強的人也無法做到無所不能———因為時間不夠，有些領域確實需要天分，在自己確實不擅長的地方該自卑就要自卑。這沒有什麼不

第三部分 快樂、高效地工作

好意思的,該自卑的時候不自卑,就多了心理負擔,並且還是永遠擺脫不掉的負擔,最終肯定會影響自信。在日常生活中,我們培養自信的方法有:

(一)相信積累的力量

再大的石頭也無法阻擋種子發芽,只因為種子一旦開始發芽,那麼細胞的分裂儘管速度不快但是不見天日永不終止。滴水可以穿石的道理誰都懂但又好像誰都不相信———處於起點的人就好像是一粒細胞或者一滴水,但大多數人卻誤以為或者希望自己在起點上就強大鋒利猶如一束雷射,但這不現實。要透過學習培養耐心,運用耐心去等待長期積累之後可以獲得的難以想像的好處與力量。

(二)瞭解自己的侷限

沒有人無所不能。就算擁有真正強大學習能力的人也無法做到無所不能———因為時間不夠。有些領域確實需要天分。凡事做得好必然容易獲取自信,做得不好就很難自信,但是還沒上陣呢,就背著一個又一個的包袱,能走多遠?能做多好?

(三)凡事都要提前做足功課

大聲說話也好,穿著正式也罷,最多只能讓一個人「顯得」自信,而非真正自信。「坐在第一排」可能是因為近視,「快速走路」往往是因為時間觀念不強———這些都與自信沒關係。做任何事情,提前做足了功課,想不自信都難。自信不等於自以為是。自以為是的人最終都會被現實砸爛。俗話說:「成事在天,謀事在人。」西方人說:「上帝的歸上帝,凱撒的歸凱撒。」這些在某個層面上都是一回事兒:不要理會運氣(該來的時候它自然會來),重要的是專心做好功課。

(四)改變你的性格

在大學的學習中,要瞭解一些未來職場中的學習方法,更要培養一個良好的性格。在大學裡面,我建議周圍的同學也好,老師也好,對你沒那麼認同的時候,你不要責怪周圍的人。問題一定在你這裡,問題一定在你性格這方面,在大學哪怕最後半年的時間裡也要做一件事,去改變你的性格,因為

當你踏上社會你會發現改變性格很難。大學是可以改變你性格的地方，一旦踏上社會就定格了。

成功始於行動。行動燃燒了所有的思想垃圾。它是一個堅實的過程，攬住了生命的韁繩。我們不能只為自己的未來做打算，不要總以時間還早為理由，而拒絕行動。這個世界缺少實幹家，而從來不缺少空想家。行動不但可以摧毀眼前的冰山、憧憬中的海市蜃樓，更重要的是去濁揚清，讓我們看到了真實的世界。

成功貴在堅持。破釜沉舟，百二秦川終屬楚。臥薪嘗膽，三千越甲可吞吳。有人感嘆成功遙不可及，但是在那消極低沉的日日夜夜，恰恰錯失了成功的每一次機遇。很多時候，我們就處在那條中心線上，只要再向前跨一步，就能成功。堅持住，就是成功。

我們每個人都可以取得成功，要相信：一切皆有可能，只要你努力。

六、心想事成的哲學分析

心想事成的意思是心中所期待的事情真的實現了或只要心有所想，事情就一定會成功。

（一）從哲學的角度來看，這是唯心主義觀點

物質和意識的關係問題是哲學的基本問題。唯心主義認為先有意識後有物質，意識決定物質。「心想事成」違背了物質決定意識原理，誇大了意識的能動作用，陷入了唯心主義。

（二）違背了規律客觀性原理

唯物辯證法認為規律具有客觀性。它的存在和發生作用不以人的意志為轉移。尊重客觀規律是發揮主觀能動性的前提。只有當人們的想法符合客觀規律，具備客觀條件時，正確發揮主觀能動性，才會心想事成。

（三）違背了聯繫的客觀性，而唯物辯證法告訴我們，聯繫具有客觀性

幸福人生 重要的九堂課

第三部分 快樂、高效地工作

不以人的意志為轉移。人們既不能夠否定事物的聯繫，也不能夠把主觀臆造的聯繫強加給事物。

「心想事成」是把主觀臆造的聯繫強加給事物，最後只會落得個「水中月」「鏡中花」的下場。人們要想正確發揮意識的主觀能動作用，做到心想事成，應注意以下幾點：從實際出發，努力認識和把握事物的發展規律；實踐是發揮人的主觀能動作用的基本途徑，因為意識的實現必須透過物質的活動；主觀能動作用的發揮，依賴於一定的物質條件和物質手段。

延伸閱讀

心有所思，事有所成

一天，一名學生主動找到我，神情沮喪地跟我說：「老師，我的未來怎麼樣是不是已經定位了，名次也沒有改變的可能了？」說完，還流下了眼淚。安慰一番，我問她：「如果是籃球比賽，還剩1秒鐘的時間。球在你手上，而這一分會決定勝負，你投不投呢？」她說：「投，可能會一發命中。」我說：「那就對了，只要有一線希望，就要牢牢把握住，否則，你面對的就只有一種結果———失敗。因此，絕不能氣餒，應在心中樹立明確的目標，充滿自信，方可走向成功！」。又一次獲得了奮鬥的勇氣，學生高高興興地離開了教室，但我又一次陷入了深思。

有多少學生早早給自己定了位，認為自己不可能成功，從而結束了對美好夢想的追求。可能瑰麗的人生因自暴自棄而黯淡無光，這難道不是一種悲哀嗎？韓非子曾講過一個故事，一個人對即將出嫁女子的父母說：「她不一定生兒子，有可能被休棄，所以平時應從婆家偷些財物，這樣今後的生活才有著落。」那位女子照著做了。最終的結局是：公婆忍無可忍，將其休棄。美國管理心理學家史華茲曾說：「所有的『不幸事件』都只有在我們認為它不幸的情況下，才會真正成為不幸事件。」誰預期什麼，誰就會得到什麼。我們的學生就因為認定自己已經失敗了，不可能扭轉了，才真正地放棄所有可能鑄造成功的努力，最終，與成功失之交臂。

教師節那天，收到一位學生的一小袋糖果，裡面夾了一封信：「老師您知道嗎？就是您在我每次失敗之後鼓勵的話語、信任的眼神以及甜蜜的微笑，給了我繼續奮鬥的勇氣和信心。在這之前，我並沒有多優秀。以前自己的眼中全是高聳入雲的山峰，從來沒想過自己可以攀登，覺得自己與別人差距太大，可現在我成了各科老師眼中的好學生，我的數學成績由倒數趕到前段，現在我有足夠的信心拚搏，向夢想出發。」看罷，我十分感動。沒想到，我那麼多的不經意卻給了她力量。分班後，我發現她穩重、認真、自立，便安排做班級幹部。在找她談心瞭解班級情況時，她也會向我傾訴學習上的苦悶，我就鼓勵她，力所能及地告訴她我的學習經驗，分析得失；遇到挫折時我會告訴她，樂觀面對，相信自己；有了進步我也會在班會上不失時機表揚她的堅忍不拔，號召大家向她看齊；家長會上也表揚她的自立自強和奮鬥精神。也許，這些也轉化成她內心的動力了吧！從她的信中我也深切感受到作為教師的責任。當學生迷茫時，甚至放棄時，我們如果多一份耐心，也許學生就會少一份浮躁，多一份努力；如果我們多一份寬容，也許學生就會少一份自卑，多一份尊嚴；如果我們多一份信任，那麼學生就會少一份放棄，多一份自信；如果我們多一份鼓勵，也許學生就會少一份無助，多一份希望！

「心態決定命運。」心想方能事成。作為教師，除了教書，我想怎樣讓學生學會在人生的不同階段，確立明確的目標，並以一份樂觀的心態為舟，執著的奮鬥為槳，駛向成功的彼岸，也是我們不遺餘力做的事情！

七、創建一個心想事成的新世界

當提出創建由快樂鑄造的構想時，有人說是「天方夜譚」，甚至有人想問：「世界上哪一國人最先上月球？」很多人會回答是美國人阿姆斯特朗，但是答案卻是：中國人「嫦娥」。如果人沒有夢想，哪會有今日的太空科技！因此一個心想事成的新世界、一種全新理念的快樂就在我們的心中，等待著我們去努力，等待著大家去實現！

（一）何謂「新世界」

幸福人生 重要的九堂課

第三部分 快樂、高效地工作

劉金城教授提到：只要具有了建設世界一流鑄造廠的意識，只要加強管理，嚴格按照工藝規程執行，積極開發新產品，開發具有更高無形價值、更高附加值的高科技鑄件，你的鑄造廠完全可以建設成世界一流的高效益的鑄造廠。

（二）「愛」的力量

「愛」的力量所發射的電磁波的頻率是宇宙中最高的。它能傳得最高也最遠，而且因頻率相同很容易產生共振，這也是為什麼有愛心的朋友特別的多的原因吧！

人與人之間會有問題，是因為人與人之間過去種種的恩恩怨怨，造成今日之果。如果能將一切歸零，活在當下，則天下太平。那又將如何能歸零？很簡單，就四句話：我愛您，對不起，請原諒，謝謝您。每天重複在心中或說出口不斷地念，久而久之，潛移默化，您就能達到那種境界，然後潛意識裡靈感來時，照著做就對了。

一個人可以不成功，但不能不成長。很多人一味地追求成功，卻忽視了成長。其實在成長這個過程中你會經歷很多，感悟很多，收穫很多。珍惜自己的成長過程，才會讓自己變得成熟。關注成長，淡薄成功，以平常心去一步步成長，也許成功就會不期而至。

我們的時代是崇尚成功的時代。人人都想成功，更有不少人企盼一舉成名，一夜暴富。然而，獲得成功的人畢竟鳳毛麟角！德國著名詩人歌德曾經說過，「每個人都想成功，但沒想到成長。」今天，由於社會流行一種浮躁風氣，在現實生活中，很多人都期待成功，卻很少有人真正關注自己的成長。古人曰：「不積跬步，無以至千里。」千里之行，始於足下。成功者總是關注自己的成長，而不是終日盤算何時成功。許多人甚至不知道成功其實是向某個目標前進的成長過程，而成長又是成功的漸進積累。

思考與反思

1. 結合你自己的實際情況，如何理解「職場如商場，商場如戰場」？
2. 結合相關資料和名人傳記，認真體會成功人士的七大習慣。

第九講 積極追求成功

國家圖書館出版品預行編目（CIP）資料

幸福人生 重要的九堂課 / 王會禮，賴肇慶 著 . -- 第一版 .
-- 臺北市：崧燁文化，2019.03

面； 公分

ISBN 978-957-681-735-9(平裝)

1. 通識教育 2. 高等教育

525.33　　　　　　　　　　　　　　　　　　107023049

書　　名：幸福人生 重要的九堂課
作　　者：王會禮, 賴肇慶 著
發 行 人：黃振庭
出 版 者：崧博出版事業有限公司
發 行 者：崧燁文化事業有限公司
E-mail：sonbookservice@gmail.com
粉 絲 頁：　　　　　網　址：
地　　址：台北市中正區重慶南路一段六十一號八樓 815 室
8F.-815, No.61, Sec. 1, Chongqing S. Rd., Zhongzheng Dist., Taipei City 100, Taiwan (R.O.C.)
電　　話：(02)2370-3310 傳　真：(02) 2370-3210

總 經 銷：紅螞蟻圖書有限公司
地　　址：台北市內湖區舊宗路二段 121 巷 19 號
電　　話:02-2795-3656 傳真:02-2795-4100　　網址：

印　　刷：京峯彩色印刷有限公司（京峰數位）

　　本書版權為西南財經大學出版社所有授權崧博出版事業股份有限公司獨家發行電子書及繁體書繁體字版。若有其他相關權利及授權需求請與本公司聯繫。

定　　價：250 元
發行日期：2019 年 03 月第一版
◎ 本書以 POD 印製發行